생각이
크는
인문학

노동

생각이 크는 인문학_노동

지은이 이수정
그린이 이진아

1판 1쇄 발행 2020년 2월 27일
1판 3쇄 발행 2021년 2월 15일

펴낸이 김영곤
펴낸곳 ㈜북이십일 아울북
키즈융합부문 대표 이유남
키즈융합부문 이사 신정숙
키즈사업본부장 김수경
에듀2팀 이명선 이유리
마케팅본부장 변유경 **마케팅1팀** 김영남 문윤정 구세희 이규림
마케팅2팀 김세경 박소현 최예슬 **사업팀** 한아름 황혜선 고아라
영업본부장 김창훈 **영업1팀** 임우섭 김유정 송지은 **영업2팀** 이경학 오다은 김소연
영업3팀 이득재 허소윤 윤송 김미소
출판등록 2000년 5월 6일 제406-2003-061호
주소 (우 10881) 경기도 파주시 회동길 201(문발동)
연락처 031-955-2100(대표) 031-955-2177(팩스)
홈페이지 www.book21.com

ⓒ 이수정, 2020

ISBN 978-89-509-8619-3 43330

책 값은 뒤표지에 있습니다.

• 제조자명 : ㈜북이십일
• 주소 및 전화번호 : 경기도 파주시 회동길 201(문발동) / 031-955-2100
• 제조연월 : 2021.02.
• 제조국명 : 대한민국
• 사용연령 : 8세 이상 어린이 제품

생각이 크는 인문학

18 노동

글 이수정
그림 이진아

을파소

목 차

2장

3장

일터는 모두에게 평등할까요?

4장

시키는 대로 일하고 주는 대로 받아야 할까요?

5장

건강하고 안전한 일터, 어떻게 만들까요?

6장

우리가 열어 갈 노동이 존중받는 세상은?

머리글

서로의 노동을 존중하며 산다는 게 어떤 걸까요?

로봇팔이 치킨을 튀기고, 드론이 음식을 배달해요. 운전석에 가만히 앉아 있기만 해도 자동차가 목적지까지 데려다주고요. 인공지능 판사가 판결을 내리고, 얼굴로 보안 카드를 대신하죠. 이러한 일상의 풍경은 더 이상 먼 미래의 일이 아니에요. 기술은 상상하기 어려울 정도로 빠르게 변하고 있죠.

그런데 기술의 변화를 대하는 마음은 사람마다 사뭇 다른 것 같아요. 발달한 기술로 더 편리한 삶을 누리고, 기술을 활용해 돈을 더 벌 수 있다는 생각에 눈이 반짝이는 사람이 있을 테지만, 당장 로봇과 드론에게 일자리를 뺏길 것 같아 불안한 사람도 있을 테니까요. 또, 고된 노동은 로봇요? 인공지능 기술은요? 자동화된 기계와 로봇도 사람 손에서 태어나고, 그것들을 관리하고 활용하는 데에도 사람의 손길이 필요해요. 세상이 변화하면서 노동의 모습은 바뀔 수 있겠지만 세상에서 노동이 사라질 일은 없는 거죠.

우리의 하루는 여러 노동에 의존해 흘러가요. 혹시 여러분이 살아가는 바탕이 되어 주는 음식과 옷, 그리고 집은 어디에서 왔는지 생각해 본 적 있나요? 우리가 먹는 쌀밥이 어디서 온 건지 한번 생각해 봐요. 먼저 농부는 쌀을 얻기 위해 몇 달 동안 농사일을 해요. 볍씨를 뿌리고 수확하기까지 수십 가지 일을 반복하죠. 그렇게 수확된 쌀을 가게나 집으로 운반해 줄 사람, 그 쌀을 씻고 밥솥에 넣어 밥을 짓는 사람도 필요해요. 한 톨의 쌀알도 여러 사람의 노동을 거쳐 나에게 오지요.

게임은 또 어떨까요? 재미있는 게임을 만들기 위해선 게임의 밑바탕을 기획하는 사람이 필요해요. 줄거리가 있는 게임이라면 스토리를 짜 줄 사람도 필요하겠죠. 등장할 캐릭터를 만드는 사람, 게임 속 모든 것을 디자인하는 그래픽 디자이너 등 많은 사람이 필요해요. 게임을 작동하게 하는 개발자와 미리 게임을 체험해 보는 사람도 있어야 하고요. 재미있는 게임을 즐기는 시간은 순식간에 지나가지만, 게임 하나를 만들기 위해서는 많은 시간과 여러 손길이 필요하죠.

생활의 필수품이든, 우리를 즐겁게 해 주는 것이든 우리가 누리는 모든 것은 수고로운 과정을 거쳐야 가능해요. 그 수고로운 일을 혼자 할 수도 있겠지만 대개는 여러 사람이 나눠서 하죠. 이렇게 내가 직접, 혹은 여러 사람이 하는 수고를 노동이라고 해요.

처음 이야기한 것처럼 아무것도 하지 않고 뒹굴뒹굴하며 지내면 좋겠다고 생각할 때가 있어요. 하지만 이 사회가 유지되고 우리의 하루가 채워지는 건 모두 노동이 있기 때문이에요. 거대한 세상이 한 사람 한 사람의 노동으로 움직이고 있는 것이죠. 세상이 아무리 바뀌어도 우리는 노동에 기대어 살 수밖에 없어요. 숨 쉬고 사는 것이 너무 자연스러워서 공기의 존재를 잊고 사는 것처럼 타인의 노동을 잊고 살기 쉽지만요. 나의 노동도 마찬가지고요. 서로의 삶을 지탱해 주는 우리의 노동은 어떤 의미와 이야기를 품고 있을까요? 지금부터 하나하나 함께 좇아가 볼까요?

시대마다 노동에 관한 생각이 달랐다고?

　사람은 언제부터 노동을 했을까요? 아마 지구에 인류의 조상이 나타나고 대자연에 기대어 살기 시작한 때부터였을 거예요. 식물의 열매나 뿌리를 채집하고, 조개를 줍거나 물고기를 잡고, 동물을 사냥했던 선사시대부터 말이죠. 당시 인류에게 가장 중요한 일은 하루하루 먹을 것을 구하는 거였어요. 마땅한 도구나 이동수단이 없었던 때라 먹을 것을 찾아 헤매다 허탕 치는 일도 많았겠죠. 동물을 사냥하려면 여럿이 모여 힘을 합해야 됐고요. 아마 인류의 첫 노동은 먹을 것을 구하기 위한 활동이었을 거예요. 그러니 사람은 선사시대부터 노동하며 살았다고 할 수 있어요.

　변화는 인간이 도구를 사용하면서 시작됐어요. 돌을 떼어내 도구로 사용하면서 먹을 것을 얻는 방법이 바뀌었죠. 주로 힘이 센 사람이 멀리까지 사냥을 나가고, 힘이 약한 사람은 가까운 곳에서 채집을 하면서 사람에 따라 일이 나뉘기 시작했어요. 다 함께 몰려다니며 먹을 것을 구하던 때와 달리 역할을 나눠 맡았죠. 당시엔 힘이 센 남성이 사냥을 나가는 걸 당연하게 여겼고, 출산하고 젖을 물려야 하는 여성은 이동이 어려웠기 때문에 집에 머무는 경우가 많았어요. 성별에 따라 뚜렷하게 일을 구분한 거죠. 성별에 따른 분업은 직접 사냥을 나가야 했던 선사시대에나 어울리는 생활양식이었어요.

농사를 지으면서 사람들은 한곳에 머물러 살기 시작했어요. 계절에 따라 해야 할 일이 생겼고 수확한 농작물 중 남는 것도 생겼죠. 음식을 저장하게 되면서 노동의 양은 줄어들었어요. 그런데 좋은 일만 있진 않았어요. 사람들의 관계가 복잡해진 거예요. 남는 생산물을 나눠 가질 기준이 필요했고 생산물을 관리하는 사람도 정해야 했죠. 여러분이 그때 살았다면 남은 음식을 어떤 기준으로 나누고 관리했을까요? 역사적으로는 나이가 많은 사람이 기준을 정하거나 힘이 센 사람이 독차지하는 일이 잦았어요. 많이 차지한 사람은 점점 더 많은 걸 가져갔고, 자신이 쌓아둔 생산물을 지키기 위해 힘을 키웠어요.

나이나 힘의 차이, 하는 일 등으로 지위의 높낮이가 구분되면서 사람들의 신분이 나뉘기 시작했어요. 또 노동하지 않아도 생활하는 데 아무 불편이 없는 사람과 생존을 위해서는 반드시 노동해야 하는 사람이 나뉘었죠. 이런 구분이 생기면서 노동에 대한 생각도 시대에 따라 달라졌어요. 노예제도가 있던 시대에 사람들은 노예를 '말하는 도구'라고 불렀어요. 생활을 유지하기 위한 노동은 노예나 하는 것이라고 생각을 했죠. 철학과 사상을 논하는 사람은 정해져 있다고 생각한 때도 있었어요. 머리를 쓰는 고상한 노동을 하는 사람은 따로 있다고 생각한 것이죠. 그러니 노예처럼 쉴 틈 없이 몸을 써야 하는 힘든 노동은 저주받은 일이 되었어요. 노동에서 벗어나야 자유로운 삶이 가능하다고 생각했으니까요. 노예제도가 없어진 사회에서도 노동은 여전히 천한 사람이나 하는 것이고 힘든 것이라는 생각이 컸어요. 할 수만 있다면 피하고 싶은 것으로 생각했죠.

노동이 힘들고 피하고 싶은 거라는 생각의 뿌리에는 아마 노예제도와 강제노동이 있을 거예요. 지금도 남아 있지만 아주 오래전부터 형벌로 노동을 시켰거든요. 고대 신화에 나오는 시시포스*는 신을 속인 죄로 언덕 위에서 굴러떨어지는 돌을 밀어 올리고 또 굴러떨어지면 밀어 올리는 끝없는 노동을 했어요. 엄청난 고통이 따르는 형벌이었죠. 원하지 않는 노동을 벌로 준 것이니 강제노동이라 할 수 있지요. 반 규칙을 어긴 벌로 청소를 하게 되면 청소에 대해 어떤 생각을 갖게 되나요? 청소는 주변 환경을 깨끗하게 유지하고 사람들의 건강을 지키기 위해 꼭

★ **시시포스** 그리스 신화에 등장하는 왕. 제우스 신의 분노를 사 영원히 바위를 산 위로 옮기는 벌을 받았다.

필요한 노동이죠. 하지만 만약 청소가 벌이 된다면 중요하다는 생각보다는 피하고 싶다는 생각이 들잖아요.

노동을 꺼리는 사람이 많아지자 중세 기독교 사회에서는 노동에 대한 다른 생각을 불어넣기 시작했어요. 노동은 신을 섬기는 신성한 행위이자, 신이 부여한 소명이라고 말이죠. 노동이 저주스러운 것이 아니라 신성한 것이라고 생각하도록 한 거예요. 신성한 노동을 꺼리는 사람은 게으르고 도리에 맞지 않는 사람으로 여긴 것이죠. 열심히 노동하지 않고 게으름을 피우는 사람은 도덕적으로 타락한 사람이라는 생각도 하게 됐고요.

그렇다면 지금 한국은 어떤가요? '근면 성실'을 교훈으로 내건 학교가 많은 걸 보면 한국은 열심히 일하는 사람을 더 찬양하는 사회인 것 같아요. 우화 〈개미와 베짱이〉도 성실한 일꾼인 개미처럼 살자는 교훈으로 쓰이고요. 느긋한 사람은 대책 없는 사람으로, 성실하지 않으면 게으른 사람으로 낙인찍는 시선도 많죠. 사람마다 기질의 차이가 있을 텐데 모두가 개미처럼 살아야 할까요? 어쩌면 우리 사회가 유독 근면과 성실을 강조하는 것은 정해진 규칙에 잘 따르는 사람을 원하기 때문인지도 몰라요. 부지런하고 성실한 사람들이 일을 시키기도, 지배하기도 더 편할 테니까요.

인류의 시작부터 지금까지 세상은 바뀌었지만 노동이 살아가는 데 필수적인 활동이라는 건 변함없어요. 시대에 따라 노동에 대한 생각이 조금씩 달랐을 뿐이죠. 시대적 상황뿐 아니라 각 사람의 사정도 노동에 대한 생각에 영향을 줄 거예요. 일하지 않아도 사는 데 불편이 없는 사람과 매일 끼니를 걱정하는 사람에게 노동이 같은 의미일 순 없을 테니까요. 지금 여러분은 노동에 대해 어떤 생각을 갖고 있나요?

라면 끓이기도 노동일까?

여기 보글보글 끓고 있는 라면이 있어요. 라면을 요리하려면 적당한 양의 물을 준비하고 적절한 때에 면과 수프를 넣어 잘 익혀야 해요. 언제 재료를 넣을지도 생각하고 몸을 쓰는 수고가 들어가니 라면을 끓이는 일도 힘과 에너지가 필요한 노동이라고 해야겠죠. 그렇다면 내가 먹고 싶어서 라면을 끓이는 것과 팔기 위해 라면을 끓이는 것은 같은 노동일까요? 똑같은 라면을 끓이는 거니까 같다고 해야 할지, 목적이 다르니 다른 노동이라 해야 할지 알쏭달쏭 헷갈려요. 한번 다음과 같은 상황을 상상해 볼까요?

해인이는 라면을 아주 맛있게 잘 끓여요. 평소 가족과 친구들도 해인이가 끓이는 라면이 최고라 했죠. 해인이는 자기의 장기를 살려 라면집을 차리기로 했어요. 집 앞 상가를 얻고, 냄비와 그릇, 가스레인지와 식탁 등 온갖 도구들을 갖췄어요. 식당을 열자 라면이 맛있다며 멀리서도 사람들이 찾아왔어요. 맛집으로 소문나 손님이 끊이지 않았죠. 해인이는 혼자서는 감당이 되지 않아 직원 해원이를 고용하고, 해원이와 함께 라면을 끓여 팔았어요.

해인이가 집에서 먹고 싶어 끓인 라면, 라면집을 차려 끓인 라면, 그리고 해원이가 끓인 라면은 모두 같은 라면이에요. 그런데 혼자 라면을 끓일 때는 다 먹고 나면 빈 그릇만 남는데, 라면집을 차려 끓인 라면은 돈을 벌어들이죠. 해인이가 고용한 해원이는 라면을 끓이는 노동력을 제공하고 돈을 받고요. 이렇게 같은 일을 하고도 결과가 달라진 이유는 뭘까요?

라면집에는 라면집을 차려 운영하는 사람, 라면집에 고용된 사람, 라면집 상가를 빌려준 사람이 있어요. 모두 각자의 일, 노동을 하죠. 이 중 라면집을 차린 사람은 사장, 상가를 빌려 준 사람은 건물주, 고용된 사람은 노동자라고 불러요. 사장과 건물주도 일을 하는데 왜 고용된 사람만 노동자라고 부를까요? 사장은 가게, 식탁과 의자, 냄비 등 자기 것을 갖고 장사를 하는 사람이에요. 장사를 하기 위해 갖춘 것들을 조금 낯선 말로 '생산 수단*'이라고 해요. 노동자는 생산 수단을 갖고 있지 않은 사람이고요. 생산 수단이 없기 때문에 오로지 자신의 노동력을 제공한 대가로 돈을 벌며 일해요. 만약 사장도

★ 생산 수단 논이나 밭, 삼림 등 사람이 일해야 하는 대상(노동 대상)과 노동에 사용되는 기계나 각종 도구들(노동 수단)을 합하여 이르는 말.

가게가 잘 안 되어 그만두고 다른 냉면집에서 일하게 된다면 그땐 사장이 아니라 노동자가 되는 것이죠.

라면집을 차릴 상가가 있고 탁자와 냄비 등 각종 도구를 소유한 사람은 혼자 장사를 할 수도 있지만, 장사를 도와줄 사람을 고용해서 장사하기도 해요. 사람을 고용하는 것은 그 사람의 노동력을 사는 것이죠. 노동력을 팔아 돈을 번 사람은 그 돈으로 필요한 것을 사고요. 노동력을 사는 사람과 파는 사람 각자의 필요 때문에 거래가 이뤄져요.

선사시대에는 나와 공동체를 위한 노동, 돈과 바꾸는 노동이 따로 있는 것이 아니었어요. 공동체의 필요를 위해 하

는 노동이 곧 나를 위한 일이었으니까요. 공동체 안의 모두가 필요한 것을 함께 생산하고 함께 소비했죠. 그런데 우리가 사는 자본주의 사회는 이 둘을 구분하는 사회예요. 자본주의 사회에서는 사람의 노동력을 돈으로 바꿀 수 있어요. 어떤 사람은 다른 사람의 노동력을 돈으로 사서 더 많은 돈을 벌기도 하죠. 돈으로 상품을 사듯이 노동력도 사고파는 상품이 되는 거예요.

그런데 노동력이라는 상품은 사람이 함께 있어야 한다는 점에서 아주 특별해요. 노동과 노동자는 뗄 수 없는 관계인 거죠. 이런 노동의 특별한 점 때문에 간혹 사람마저 물건 취급을 받을 때가 있어요. 라면 끓이는 능력, 즉 노동력만 제공하는 것인데 노동자인 나까지 제공한 것처럼 생각하는 거예요. 노동자를 함부로 대한다거나 아랫사람 부리듯 하면서요.

자본주의 사회에서는 돈을 벌 수 있는지 없는지에 따라 그 상품의 쓸모가 결정돼요. 만약 라면의 인기가 떨어져서 라면집이 돈을 벌지 못한다면, 라면은 쓸모없는 상품이 되겠죠. 그러면 라면을 끓이는 노동으로 수입을 얻기도 힘들 거고요. 라면을 끓이는 것이 노동인 데에는 변함이 없는데 노동이 상품이 되는 순간, 다른 의미가 되는 거예요. 그렇

다면 돈을 버는 노동이 그렇지 않은 노동보다 더 가치 있는 노동일까요?

돈을 벌어야만 가치 있는 노동일까?

여러분은 집안일을 잘하는 편인가요? 평소에 다른 사람이 해 준다면 잘 느끼지 못할 수 있지만, 수련회를 가거나 혼자 생활해 보면 생각보다 집에서 해야 하는 일이 많다는 걸 알게 돼요. 가령 청소만 해도 먼지 털기, 바닥 닦기, 거울 닦기, 변기 닦기, 쓰레기통 비우기, 음식물 쓰레기 버리기 등 해야 할 일이 엄청 많죠. 그리고 한 번 해 놓고 나면 끝이 아니라서 깨끗한 상태를 유지하기 위해 매일매일 반복해야 해요. 조금만 소홀히 해도 어느새 먼지 뭉치가 굴러다니고 집안 곳곳에서 쿰쿰한 냄새가 날 거예요.

그래도 빨래는 '세탁기에 넣으면 끝' 아니냐고 말하는 사람들도 있어요. 정말 그런지 한번 따져 볼까요? 세탁을 하기 전에는 옷이 상하지 않게 손빨래가 필요한 것과 세탁기에 넣어도 되는 걸 구분해야 해요. 옷 재질이나 색깔에 따라서도 다르게 세탁해야 하고요. 빨래를 널고 마른 옷을 개어 나눠 정리하는 것도 저절로 되지 않아요. 눈에 띄지는 않지만 세탁 하나도 손이 많이 가는 노동이죠.

청소와 빨래뿐 아니라 음식 만들기, 가족 돌보기 등 함께 사는 사람들의 평안한 하루를 위해 집에서 매일 반복하는 일이 있어요. 이렇게 집에서 먹고, 입고, 자고, 쉬는 데 필요한 노동을 통틀어 가사노동이라고 해요. 가사노동은 누구나 생존을 위해 해야 하는 노동이죠. 혹시 나는 아무 일도 하지 않는데 집 안이 항상 깨끗하고 늘 옷장에 입을 옷이 있고, 맛있는 음식을 먹고 쉴 수 있었나요? 그렇다면 내가 아닌 누군가가 그 일을 하고 있던 거예요. 대개는 전업주부가 도맡아 하죠.

전업주부는 가사노동을 주로 하는 사람을 말해요. 2017년 기준으로 전업주부인 여성은 700만 명 정도이고 남성은 17만 명 정도라고 해요. 여성이 압도적으로 많지만, 남성 전업주부가 점점 늘고 있대요. 집안일은 여자가 하는 게 당연하다고 생각했던 과거와 달리 가사노동도 공평하게 나눠야 한다는 인식으로 변하고 있기 때문이죠. 하지만 현실은 생각만큼 잘 따라 주지 않는 것 같아요. 조사에 따르면 하루 가사노동에 쓰는 시간이 남성은 45분, 여성은 227분으로 다섯 배 이상 차이가 나거든요. 결혼한 여성이라면 일터에서 퇴근하는 것이 아니라 집으로 다시 출근하는 것이라고 이야기할 정도예요.

2015년, 미국의 한 보험사에서 가사노동의 가치를 1년간 벌어들이는 돈으로 환산해 보니 7,600만 원이 넘게 나왔대요. 한국에서도 2013년 '전업주부 연봉 찾기'라는 서비스로 계산해 보니 1년간 3,700만 원 정도를 벌 수 있다고 나왔고요. 2017년에 국가에서 공식적으로 낸 첫 통계로는 2014년 기준 한 시간에 10,569원이 나왔어요. 2014년 법에서 정한 최저임금*은 한 시간에 5,210원이었어요.

★ **최저임금** 노동자가 노동을 하면 받아야 할 돈의 최저기준을 나라에서 해마다 정해두고 꼭 그 이상을 주도록 하는 임금.

사랑하는 가족을 위해 헌신하고 희생하는 일을 하나하나 돈으로 따질 수 있냐고요? 맞아요. 사람의 헌신과 사랑에 가격을 매기기는 어렵죠. 그런데도 이렇게 가격을 매겨 보는 이유가 뭘까요? 우리는 주로 돈을 많이 벌 수 있는 일이 가치가 높은 일이라고 생각해요. 이런 이유로 임금을 따로 받지 않는 가사노동의 가치는 별로 중요하게 생각하지 않죠. 누구나 할 수 있는 대수롭지 않은 일이라고 생각하기도 하고요. 하지만 가사노동으로 벌 수 있는 돈을 따져 보면 결코 소소하지 않아요. 어쩌면 가사노동은 공짜 노동이라는 생각이 세탁, 청소, 요리 등의 노동은 기술 없이도 할

수 있다는 생각을 낳는 건 아닐까요? 가사도우미, 방문 청소, 음식 조리 노동자가 상대적으로 낮은 임금을 받는 이유도 아마 거기서 찾을 수 있을 것 같아요.

"집에서 놀면서 애 보는 게 그렇게 힘들어? 나는 밖에서 이렇게 힘들게 일하는데."

혹시 드라마에서 이와 비슷한 대사를 들어 본 적 있나요? 이 말을 하는 배우는 남성일까요, 여성일까요? 자연스럽게 남성을 상상했다면 그런 생각이 드는 이유는 뭘까요? 전업주부가 집에서 '논다'고 생각하는 것도 온당치 않지만, 가사노동에 성별을 붙일 때 우리 마음속에서 자연스럽게 여성이 떠오르는 게 신기하지 않나요? 모두의 하루를 책임지는 가사노동을 여성만의 몫으로만 밀어두고 있지는 않은지 우리의 생각부터 점검해 볼 필요가 있어요.

요리를 하거나 가족을 돌보고 청소와 빨래를 하는 노동은 돈을 얻기 위해 하는 노동은 아니에요. 하지만 나의 삶을 이어 가고 함께 사는 가족의 안녕을 지키기 위해 꼭 필요한 노동이죠. 돈을 버는 일만 노동이라고 생각한다면 우리 삶에 필수적인 노동에 대해 반쪽만 생각하게 돼요.

우리는 노동을 통해서 하고 싶은 꿈을 이루기도 하고, 그 꿈을 향해 살아가며 행복도 느껴요. 노동을 통해 가족, 친구, 이웃과 즐거운 시간을 만들고, 다른 사람에게 도움을 주며 보람을 느끼고 나도 도움을 받아요. 그런데 우리는 노동의 의미를 종종 잊고 사는 것 같아요. 눈을 뜨고 잠자리에 들기까지 수많은 노동을 통해 살고 있는데 말이죠. 어쩌면 이렇게 당연해서 잊고 사는 것인지도 몰라요. 늘 함께 있지만 잊고 지내는 공기처럼요. 미세먼지가 심하거나 공기가 탁한 곳에 있으면 비로소 맑은 공기의 소중함을 알게 되잖아요. 마찬가지로 집안이 어질러져 있을 때, 물을 마시려는데 안 씻은 컵이 쌓여 있을 때 비로소 청소와 설거지 노동의 소중함을 느끼는 것 같아요.

우리 삶의 바탕이 되는 노동의 가치를 돈을 버느냐 못 버느냐에 따라 매길 수 있을까요? 돈을 벌든지 못 벌든지 노동 그 자체로 의미가 있는데 말이죠. 그동안 미처 생각하지 못했던 노동의 의미를 나의 일상에서 찾아보면 어떨까요?

기술이 발달하면 노동이 필요 없어질까?

'쿵쿵쾅', '우당탕탕'

방적기계가 요란한 소리와 함께 부서졌어요. 부서진 기계 앞에는 큰 망치와 단단한 막대를 든 사람들이 화난 모습으로 서 있었죠. 이 사람들은 누구일까요? 그리고 왜 비싼 기계를 부쉈을까요?

방적기계는 실을 만드는 기계예요. 산업혁명이 일어나 기계가 만들어지기 전까지는 집에서 손수 실을 만들었어요. 옷감도 집에서 짰고요. 그런데 19세기 초 공장에서 이 모든 일을 자동으로 할 수 있게 되면서 기계에 일감을 빼앗긴 노동자가 함께 기계를 부수는 일이 일어난 것이에요. 일자리를 위협하는 신기술을 마냥 환영할 수 없었던 노동자들의 저항 행동을 러다이트 운동*이라고 불러요.

★ **러다이트 운동** 1811년부터 1817년 사이에 일어났던 영국의 기계 파괴 운동.

기계가 자동화되면서 사람들이 하나하나 손으로 하던 노동을 많은 부분 기계가 대신하기 시작했어요. 산업혁명이 처음 시작된 영국에서도 그랬어요. 산업혁명 초기에는 공장에서 실을 만들면 그 실을 이용해 집에서 양말을 짜서

파는 기술자가 있었어요. 그런데 자동화 기술이 더 도입되면서 기술자들이 손으로 짜던 양말마저 기계가 대신 짜게 됐어요. 하루에 짤 수 있는 양말의 수가 늘어났을 뿐 아니라, 특별한 기술이 없어도 기계만 있으면 양말을 만들어낼 수 있었죠. 양말 기술자는 기계에 밀려 일감을 빼앗겼어요. 기술이 없는 사람도 양말 짜는 기계를 빌려서 돈벌이에 나섰고요. 너도나도 양말을 만들어대니 가격이 내려갔어요. 결국, 기계를 빌려준 사람만 돈을 벌고 나머지는 일자리를 잃고 가난해졌어요. 기술자들은 이게 다 기계 때문이라며 집마다 찾아다니며 기계를 부숴 버리기 시작했어요.

하지만 시간이 지나면서 기술자들도 기계를 부숴 버린다고 해결될 일이 아니라는 걸 깨달았어요. 기계가 만들어질 때마다 없앨 수도 없는 노릇이었고요. 중요한 건 새로운 기계가 생겨나 기술자들의 일자리를 위협할 때에도 기술자의 생존까지 위협하지 않는 방법을 찾는 것이었어요. 오랜 시간이 걸려 노동자의 저항에 강경하게만 나오던 정부도 생각을 바꿨어요. 노동자가 일자리를 잃거나 임금이 적어 생활이 곤란할 때 지원하는 사회복지제도*를 만들기 시작했죠. 공장의 주인과 노동자가 만나 의견을 나누고 해결 방법을

★ **사회복지제도** 사람들의 인간다운 삶을 보장하기 위해서 만든 정책이나 제도.

찾아보기도 했어요. 협상 과정에서 노동자는 공장주가 무작정 기계를 늘리지 말고, 기계를 늘려서 일자리를 잃는 노동자의 먹고사는 문제를 함께 해결해야 한다고 요구했죠. 노동자의 권리를 위해서는 정치에 참여하는 것도 중요하다고 생각해 참정권 운동*도 열심히 했어요.

★ **참정권 운동** 국민이 정치에 참여할 수 있는 권리, 참정권을 얻기 위한 운동.

현대의 기술은 산업혁명 초기와는 비교할 수 없을 정도로 발달했어요. 어떤 이들은 기술이 발달하면 사람의 노동이 필요 없어질 거라는 말로 노동자를 불안하게 하기도 해요. 정말 그럴까요? 기술이 변화한 자취를 따라가 보면 어떤 노동은 사라지고 또 어떤 노동은 생겨났어요. 예를 들어 타자기로 문서를 만들어 내는 노동은 사라졌지만, 컴퓨터로 온갖 문서를 만들어 내는 노동은 늘어났죠. 디지털 시대에는 종이 신문이 사라질 거라 했지만 디지털 신문과 종이 신문은 공존하고 있어요. 그뿐만 아니라 더 다양한 매체가 생겨났고 관련 직업도 많아졌죠. 무인 화물자동차가 다닌다 해도 자동차가 도착했을 때 상점에 물건을 나르고 싣거나 상점에 진열하는 틈새 노동은 한순간에 사라지지 않아요. 다른 분야도 비슷할 거예요.

여러 상황을 고려하면 기술이 발달한다고 노동이 필요

없어지거나 사람의 일자리가 사라질 거라고 단정할 수는 없는 것 같아요. 새로운 기술이 등장하고 발달할 때 우리가 할 일은 그 일을 하던 사람을 어떻게 지킬 수 있을지 함께 고민하는 것이 아닐까요?

기술의 발달은 일상의 풍경도 많이 바꿔 놨어요. 스위치를 누르지 않아도 움직일 때마다 불이 켜졌다가 꺼지고, 손이 아닌 말과 눈으로 기계를 조작하는 일도 가능하죠. 몸속으로 아주 작은 로봇이 들어가 수술을 하고, 사람이 몇 명 없는 공장에서 자동차 수백 대가 척척 만들어져 나와요. 그런데 눈부신 기술을 이야기하며 더 편리한 미래를 상상하는 동안, 한국의 일터 곳곳에서는 1년에 2,400명 이상이 사고와 질병으로 죽고 있어요. 이게 어찌 된 일일까요?

지금도 일터에서는 뜨거운 용광로 위에서 사람이 직접 청소를 하다가 추락하기도 하고, 몇만 원짜리 부품을 아끼다 기계가 고장 나 사람이 끼기도 해요. 기술이 발달하는데 위험하고 힘든 일을 하다 사람이 죽는 일이 벌어지는 이유는 뭘까요? 또 기술은 발달하는데 정작 사라져야 할 위험한 노동은 사라지지 않는 이유는요. 사람을 닮은 로봇이 등장하고, 달나라를 오갈 수 있는 세상인데 말이죠.

로봇의 등장이 인간의 일자리를 뺏는다는 공포에 사로

잡혀 있을 게 아니라 어떤 이유와 목적으로 로봇을 만들고 활용할지 고민이 필요해요. 온갖 종류의 로봇을 만들어 낸다 해도 사람만이 할 수 있는 일, 사람과 사람의 관계에서 없어져서는 안 될 일이 있을 테니까요. 또, 기술 발달을 꾀할 때 위험하고 힘든 노동과 장시간 노동에서 벗어날 방법을 더 많이 생각하면 좋겠어요. 덜 일 하고 더 여유로운 시간을 갖는 세상으로 나아갈 수 있도록 말이에요. 사람 대신 기계를 써서 이득을 챙기려는 사람만 많다면 기술 발달이 달갑지만은 않겠죠. 하지만 어떤 광고의 문구처럼 기술은 사람을 향해야 하지 않을까요? 기술 개발로 소수만 부자 되고, 고통스럽게 일하는 많은 노동자의 삶은 변하지 않는다면 기술이 발달하는 게 과연 어떤 의미가 있을지 곰곰 생각해 봐요.

1923년 5월 1일은 제1회 어린이날이에요. 그날 거리 곳곳에 "잘 살랴면 어린이를 위하라!"는 문구가 적힌 포스터가 배포되었죠. 어린이날은 어떻게 만들어진 걸까요? 그리고 지금과 달리 왜 처음 만들어졌을 때는 5월 5일이 아닌 1일이었던 걸까요? 원래 5월 1일은 1889년부터 세계 곳곳에서 '노동자의 날'로 기념하고 있었는데, 한국도 어린이날이 시작된 1923년부터 기념행사를 열었죠. 그렇다면 노동자의 날과 어린이날은 어떤 관련이 있는 게 아닐까요?

어린이날이 만들어진 1923년은 일제강점기였어요. 당시에는 나이와 성별에 따라 사람을 구분하고 차별하는 일이 심했어요. 가족 내에서도 가장 목소리를 내는 사람은 나이 많은 남성이었죠. 나이가 어린 사람은 사회적 지위도 낮았고, 인격적인 대우를 받지 못했어요. 심지어 따로 부르는 호칭도 없어 '애놈', '자식놈' 혹은 '애새끼'라고 불렀다고 해요. 모두 지금은 듣기 거북한 말들이죠.

이때 방정환이라는 선생은 나이 어린 사람을 부르는 '어린이'라는 단어를 짓고 어린이를 한 인격체로 존중하자고 말했어요. 더불어 만 14세 이하의 어린이는 노동에서 해방되어야 한다고도 말했죠. 당시 나이 어린 사람은 교

육의 혜택을 받는 일부를 제외하고는 가사노동과 농사일로 바쁜 하루를 보냈거든요. 방정환 선생은 어린이도 배움의 기회와 노는 시간을 보장받아야 한다고 주장한 거예요. 이러한 마음을 담아 노동절이었던 5월 1일을 어린이날로 정하고 기념하기 시작했어요. 어린이가 감당하기 힘든 가혹한 형태의 가사노동과 농사일에서 벗어나 인격적인 대우를 받아야 한다는 의미가 담긴 것이죠.

> 1. 어린이를 재래※의 윤리적 압박으로부터 해방하여 그들에 대한 완전한 인격적 예우를 허하게 하라.
> 2. 어린이를 재래의 경제적 압박으로부터 해방하여 만 14세 이하의 그들에게 대한 무상 또는 유상의 노동을 폐하게 하라.
> 3. 어린이 그들이 고요히 배우고 즐거이 놀기에 족한 각양의 가정 또는 사회적 시설을 행하게 하라.
>
> 1923년 5월 1일 어린이날 선언문 중에서

이후 몇 번의 변화를 거쳐 어린이날을 노동자의 날과 분리해 5월 5일로 바꾸었고, 1975년부터는 5월 5일 어린이날을 공휴일로 정해 기념하고 있어요. 요즘은 어린이날에 담긴 처음의 의미는 사라지고 그저 어린이가 선물 받

※ **재래** 예전부터 있어서 전해져 내려온 묵은 것.

고 쉬는 날 정도로만 여겨지는 것 같아 아쉬울 때가 있어요. 일 년 중 하루만 어린이를 위하고 364일 존중하지 않는다면 무슨 의미가 있을까요? 이런 마음을 담아 한 청소년단체는 2019년 어린이날에 '2019에 새로 쓴 어린이날 선언문'을 발표하기도 했어요. 그 선언문에는 가정, 학교, 거리 등 사회에서 어린이와 청소년이 겪는 다양한 차별을 없애고 나이 어린 존재를 존중해야 모두가 함께 행복한 사회를 만들 수 있다는 내용이 담겼어요. 첫 어린이날로부터 100년 가까이 지난 지금도 잘 살려면 어린이를 위하라는 말은 여전히 중요하고 의미 있는 선언이에요.

2장

노동자는
어떤 얼굴을
하고 있나요?

노동자를 떠올리면 생각나는 사람은?

우리 삶은 노동으로 채워진다는 이야기를 나눴어요. 돈을 벌기 위해 노동하기도 하고, 가사노동처럼 돈을 벌진 않지만 생활에 꼭 필요한 노동을 하기도 해요. 그렇다면 노동자는 누구일까요? '노동자'라고 하면 떠오르는 이미지는 무엇인지 한번 생각해 보세요. 혹시 땀 흘려 일하는 공사장의 일꾼이 먼저 생각나지는 않았나요? 세상에는 몸을 많이 쓰는 노동도 있고 그렇지 않은 노동도 있어요. 주로 몸을 많이 쓰는 노동을 '육체노동'이라 하고 머리를 많이 쓰는 노동을 '정신노동'이라고 해요. 그런데 육체노동과 정신노동을 무 자르듯이 엄격하게 구분할 수 있을까요?

여러분 앞에 버스 운전기사와 환자를 돌보는 간병 노동자, 비행기에서 일하는 승무원이 있다고 생각해 보세요. 이 중 육체노동자는 누구이고, 정신노동자는 누구인지 분류

해낼 수 있나요? 버스 운전기사는 근무 내내 운전석을 지키며 승객들을 안전하게 이동시켜 줘요. 온종일 앉아 일하면 허리도 아프고 다리가 저릿저릿할 정도로 몸이 고되죠. 화장실이 급해도 참아야 할 때도 있고요. 고객이 다치지 않도록 신경 써야 하고, 위급한 환자가 생기면 응급조치를 하기도 해요. 운전 속도와 배차 간격도 조절해야 하고요. 이 중 어디까지가 육체노동이고 정신노동인지 딱 잘라 얘기할 수 있을까요?

간병 노동자는 환자를 돌보는 일을 해요. 사람을 돌보는 일은 육체노동일까요, 정신노동일까요? 아픈 사람을 돌보려면 아픈 곳이 어딘지 몸뿐 아니라 마음까지 두루두루 신경을 써야 해요. 환자를 부축하거나 몸 전체를 움직여 주기 위해 힘쓰는 노동을 많이 하고요. 힘이 쭉 빠져 있는 환자는 평소보다 더 무겁대요. 그러니 무거운 기계를 다루는 것만큼 간병 노동에 큰 힘이 들죠.

항공사 승무원은 또 어떤가요? 유니폼을 입고 예쁘게 꾸민 채 웃으며 고객을 맞이하는 모습은 육체노동과 거리가 멀어 보이죠. 승객의 무리하고 소소한 요구에도 무한 친절을 베풀며 상냥하게 서비스를 제공하는 사람으로만 생각하기도 해요. 하지만 사실 항공 객실 승무원의 가장 중요한 역할은 고객의 안전을 살피는 일이에요. 비행기가 뜨고 내릴 때나 갑자기 크게 흔들릴 때 고객이 안전하게 자리에 머물 수 있도록 도와요. 승객이 아플 때 응급조치하고, 비상 착륙 시 안전하게 탈출을 돕는 일도 승무원의 중요한 역할이죠. 이외에도 짐을 올리고 내릴 때 돕는 일, 음식을 준비하고 나르는 일 등 힘쓰는 일이 많죠.

이처럼 우리는 노동을 흔히 육체노동과 정신노동으로 나누곤 하지만, 실제 노동에는 둘이 섞여 있는 경우가 많아요. 생각하지 않고 몸을 쓸 수 없으니까요. 그렇다면 정신노동과 육체노동은 따로따로일 수 없는데 두 가지를 구분하는 이유는 뭘까요? 몸보다는 머리를 써서 일하는 사람이 더 우월하다거나, 육체노동보다는 정신노동이 더 가치 있는 일이라고 매기고 싶어 하는 건 아닐까 싶어요. 그렇게 생각하면 육체노동을 위주로 하는 사람은 정신노동을 많이 하는 사람보다 돈을 적게 받는 게 당연하다는 편견까지 낳을 수 있죠. 이런 편견이 쌓이면 사람들에게 육체노동은 피하고 싶은 것으로, 정신노동은 더 쓸모 있는 노동으로 인식될 수도 있고요. 하지만 정도의 차이는 있어도 모든 노동자는 몸으로나 정신으로나 힘을 써서 일해요. 노동자는 어떤 종류의 일이든 힘써 노동하는 모든 사람을 아우르는 말이에요.

왜 노동자라는 말이 중요할까?

무슨 일을 하는지 물어보면 "직장 다녀요", "직장 구하는 중이에요"라고 답하는 사람이 있어요. 또, "조그만 가게 하나 하고 있어요", "사업해요"라고 답하는 사람도 있고요. 가게나 회사처럼 사람이 모여 일하는 곳을 보통 직장이라고 해요. 직장을 구한 사람은 작은 식당에서 일하게 됐다, 큰 기업에 들어갔다, 취직이 됐다는 식으로 말하죠. 이렇게 일자리를 얻어 일하는 사람을 직장인이라고 불러요. 회사에 들어갔다고 회사원이라 부르기도 하고요. 그러면 직장인과 회사원은 노동자와 다른 사람일까요?

보통 자기 회사나 가게를 차린 사람은 기업가나 사장이라고 불러요. 혼자 가게를 운영하는 사람도 많지만 다른 사람을 고용해서 운영하는 곳도 많죠. 고용하는 사람이 있으면 고용되는 사람도 있을 거잖아요. 어디에 고용되었느냐에 따라 편의점이 직장인 사람, 동물 병원이 직장인 사람, 항공회사가 직장인 사람, 학교가 직장인 사람, 영화관이 직장인 사람, 커피숍이 직장인 사람, 도서관이 직장인 사람이 있는 것이죠. 이들의 공통점은 뭘까요? 회사나 가게가 자기 것이 아닌 사람이에요. 그러니 다른 회사나 가게를 선택해 직장을 옮길 수가 있죠.

우리는 학교가 직장인 교사 노동자와 공부를 하고, 동물 병원이 직장인 수의사 노동자에게 반려동물을 데려가요. 미용실이 직장인 미용사에게 머리를 맡기고요. 직장인 중에는 전문 분야가 뚜렷해서 미용사, 의사, 건축설계사, 변호사 등 따로 구분해서 부르는 말도 있어요. 이렇게 구분해서 부르는 이름이 따로 있는 경우 '전문직 종사자'라고 표현하기도 하고요. 전문직 종사자라고 불러도 직장인인 것에는 변함이 없죠. 이처럼 회사나 가게에 취직해 일하는 직장인, 회사원, 전문직 종사자 모두 노동자예요.

전문직 종사자 중에는 회사에 다니며 경력을 쌓아 자기 사무실을 차리는 경우가 많아요. 동물 병원을 차리고, 미용실을 차리고, 변호사 사무실을 차리고, 건축설계사 사무실을 차리죠. 이렇게 스스로 사무실을 차리면 더는 직장인이나 회사원이라 하지 않아요. 다른 사람을 고용할 수 있는 위치에 있기 때문이죠. 이렇게 직장을 차릴 수도 있고 취직할 수도 있어서 전문직 종사자는 노동자가 아니라고 생각하는 경우가 많은 것 같아요. 미용사, 변호사, 건축설계사 등 부르는 이름은 같은데 직장에 다니면 노동자가 되고 회사를 차리면 사장이 되니까요. 그러니 부르는 이름만 가지고 노동자인지 아닌지 이야기하기는 어려워요.

　노동자인지 아닌지는 부르는 이름에 따라서가 아니라 어떤 관계로 일을 하느냐에 따라 달라져요. 미용사로 같은 일을 하지만 미용실을 차려 직접 운영할 때는 사장, 다른 미용실에서 월급 받으며 일할 때는 직장인, 즉 노동자인 것처럼요. 직장인과 노동자가 다르지 않은데 많은 사람들이 직장인으로 부르는 걸 선호해요. 또, 법률용어인 '근로자'로 부르기도 하고요. 노동자로 부를 때와 직장인, 회사원 또는 근로자라고 부를 때 좀 다르게 들리지 않나요?

　국립국어원 표준국어대사전은 '근로'와 '노동'을 이렇게 설명해요. 근로는 '부지런히 일한다', 노동은 '사람이 생활에 필요한 물자를 얻기 위해 육체적 노력이나 정신적 노력을 들이는 행위'라고요. 노동자가 좀 더 역동적이고 주체적으로 움직이는 의미라면, 직장인이나 회사원 또는 근로자로 부를 때는 회사가 시키는 대로 성실하게 움직이는 의미가 있어요. 말 잘 듣는 노동자를 원하는 사회는 아무래도 근로자라고 부르는 걸 더 선호하겠죠? 분단국가인 한국에선 북한이 주로 쓰는 '노동'이라는 말을 불온하게 여겨 온 역사도 한몫하는 것 같고요. 게다가 '근로계약서' 같은 법률용어에도 근로자가 쓰이고 있으니 노동자보다는 근로자라는 표

현이 더 익숙하기도 해요.

법률용어는 보다 보편적이고 한쪽에 치우치지 않는 말로 표현하는 게 원칙이에요. 이런 이유로 법률용어에서 '근로'를 '노동'으로 바꾸자는 변화가 일고 있어요. 국회에서도 법을 바꿀 준비를 하고 있고, 조례를 만들어 모든 공문서에 있는 '근로' 표현을 '노동'으로 바꾼 지역도 있죠. 법이 개정되면 근로자는 노동자로, 근로계약서는 노동계약서, 근로 시간은 노동 시간으로 고쳐 불러야 해요.

어떻게 부르느냐에 따라 의미가 달라지는 말이 많잖아요. 노동도 마찬가지예요. 고용주의 입장에서 만들어진 '근로'보다는 '노동'이라는 표현이 노동자를 존중하는 마음을 더 잘 표현할 수 있지 않을까요?

'알바'는 반쪽짜리 노동자?

축구선수, 연예인, 배달기사, 간호사, 공무원, 요리사, 농부, 디자이너, 교사, 인권운동가, 사회복지사, 타워크레인 기사, 사진 기사, 방송사 PD, 아나운서, 기관사, 소방관, 경찰, 바리스타, 미용사, 화가, 과학자, 환경미화노동자, 국회의원, 제작자, 작가…

세상에는 정말 많은 직업이 있어요. 여러분은 어떤 직업을 갖고, 어떤 일을 하며 살고 싶나요? 꼭 하나의 직업만 가져야 하나 싶기도 하고, 작년의 생각과 올해 생각이 다르기도 할 거예요. 새로운 직업이 매일 생겨나니 세상에는 우리가 모르는 직업도 가득하겠죠.

혹시 "정년*이 보장되어 있다", "안정적인 일자리다"는 말을 들어 봤나요? 보통 그 일이 정규직인 경우에 이렇게 이야기해요. 언제까지만 일을 한다는 기한

★ **정년** 일하던 직장에서 물러나는 나이를 정한 것. 즉, 언제까지 일할 수 있다고 정하는 나이.

의 제한 없이 일을 하면 보통 정규직이라고 불러요. 정규직이 아닌 경우 통틀어 비정규직이라 하고요. 비정규직도 어떻게 일하느냐에 따라 부르는 이름이 참 많은데, 몇 가지만 알아볼까요?

1개월, 3개월, 18개월처럼 일하는 기간을 정했다면 기간제라 불러요. 기간제 선생님, 계약직 노동자 등이 여기에 해당해요. 기간을 정한 만큼 잠깐 일한다고 하여 임시직이라 부를 때도 있어요. 하루에 3시간 또는 5시간만 짧게 일한다면 단시간 또는 파트타이머라고 부르고요. 기간제이면서 단시간 일하기도 해요. 널리 익숙한 말은 '알바'일 거예요. 정규직에 비해 기간과 시간을 짧게 일하는 경우 보통

'알바' 또는 '아르바이트 노동자'라고 부르니까요.

인턴과 실습생도 있어요. 원래 인턴과 실습생은 일을 익히는 과정에 있는 사람을 뜻해요. 예를 들어, 의사가 되기 위해 학교를 졸업하고 1년여 배우는 시기를 인턴이라고 해요. 인턴 후 레지던트* 과정을 거쳐 전문 분야의 의사가 되는 것이지요. 교생 실습도 마찬가지예요. 교사가 되기 전 교생 실습을 마치죠. 사회복지사나 간호사, 변호사 등도 실습 과정이 있어요. 의사, 교사, 간호사 등의 노동자는 꼭 실습을 해야 한다고 법으로 정했기 때문에 반드시 거쳐야 하죠. 법에 정해져 있진 않지만 실습을 하는 경우도 많이 있어요. 회사나 공공기관에서 정규직으로 뽑기 전 인턴과 실습 과정을 두는 것처럼요.

★ 레지던트 의사가 될 자격을 얻기 위해 인턴 과정 뒤 밟는 과정. 이비인후과, 안과 등 자신이 택한 전문 분야에서 4년 가량 일하며 배운다.

회사에서 인턴 과정을 두는 이유는 노동자와 회사가 잘 맞는지 서로 알아보는 시간을 갖기 위해서예요. 노동자는 나에게 맞는 일인지 아닌지 알아보는 기간이 되고, 회사는 우리 회사와 잘 맞는 사람인지 아닌지 따져 볼 수 있는 기간이에요. 원래는 정규직으로 뽑아 인턴 과정을 두는데 요즘엔 인턴을 뽑은 후 계속 고용할지 말지를 정하는 경우가

많아요. 그래서 취업을 준비하는 사람에게 인턴은 불안정한 일자리이지만 정규직이 되기 위해 일단은 거쳐야 하는 일자리처럼 되어 버렸어요. 그럼에도 인턴이 끝난 뒤 정규직으로 입사하는 경우가 아주 드물기 때문에 인턴은 임시직, 즉 비정규직을 뜻하는 말로 많이 써요. 이렇게 인턴 제도를 회사마다 다르게 운영하고 있어 인턴은 노동자가 아닌 것처럼 생각되는 것 같아요.

이렇게 노동자를 부르는 이름이 많다니 좀 정신이 없죠? '카페 점원'이라고 부르면 노동자 같은데, '알바'나 '인턴'이라고 하면 노동자가 아닌 것도 같고요.

노동자는 부르는 이름에 따라 달라지는 게 아니라고 했는데 좀 알쏭달쏭하죠? 노동자인지 아닌지는 일하는 기간이나 시간, 부르는 이름에 따라 달라지지 않아요. 나를 부르는 별칭이 아무리 많아도 나는 나인 것처럼요. 마찬가지로 알바, 인턴, 실습생처럼 부르는 이름이 다르더라도 모두가 제대로 대우받아야 할 노동자예요. 그러니 알바라고 해서 반쪽짜리 취급을 받아서는 안 되겠죠?

내가 꿈꾸는 가수와 스포츠 스타도 노동자라고?

여러분 중에도 운동선수나 아이돌을 꿈꾸는 사람이 많을 것 같아요. 그렇다면 유럽 리그에서 뛰고 있는 손흥민 선수는 노동자일까요, 아닐까요? 전 세계에 케이팝 열풍을 일으키고 있는 아이돌은요? 연예인과 스포츠 스타한테 노동자라니, 좀 어색하게 들리죠? 왠지 운동이나 노래는 노동과는 거리가 먼 것처럼 느껴지는 것도 같고요. 정말 그런지 한번 함께 살펴봐요.

축구나 야구, 농구, 배구 등 분야마다 활동하는 운동선수가 있어요. 운동선수는 각 구단과 계약을 맺고 구단 소속으로 경기에 나가요. 구단이라는 회사에 취직한 것이죠. 손흥민 선수도 2020년 현재 토트넘이라는 구단에 속해 있어요. 선수마다 받는 돈이 천차만별이지만 같은 구단에 소속되어 함께 연습하고 경기를 치르죠. 시즌이 끝나고 경기가 없는 동안에도 구단에서 하는 훈련에 꼭 참석해야 해요. 경기가 없다고 내 맘대로 쉴 수 있는 게 아니죠. 경기 성적에 따라 '몸값'이 결정되고, 다른 팀으로 '임대'가 결정되기도 하니까요. '몸값'이나 '임대'라는 표현을 들으면 어떤가요? 마치 선수가 상품처럼 팔리고 거래되는 것 같아 다른 표현이 없을지 생각해 보게 돼요.

아이돌은 어떨까요? 아이돌이 데뷔하는 과정은 천차만별이에요. 오디션을 거치기도 하고, 바로 앨범을 내고 활동하기도 해요. 아주 어렸을 때부터 짧게는 2년, 길게는 10여 년 연습생 시절을 거쳐 아이돌이 된 예도 있고요. 어떤 방법으로 아이돌이 되든 소속되어 있는 회사가 있어요. 음악을 만들고, 홍보하고, 의상과 메이크업, 안무 등을 혼자 준비하는 게 어렵기 때문이죠. 한국에만 연예 기획사가 1,000개가 넘고, 지망생을 포함하여 100만 명 정도가 아이돌 산업에 종사한다고 해요. 이름이 알려진 아이돌은 어마어마한 경쟁을 뚫고 데뷔한 것이죠.

인터넷에서 유명 연예인의 '출근길' 사진을 본 적이 있나요? 출근길이라는 말을 보면 여느 직장인이나 회사원과 다를 게 없어 보이지만, 보통의 회사원은 출근하며 사진 찍힐 일이 없죠. 하지만 아이돌은 달라요. 일거수일투족에 팬과 언론의 관심이 높아서 어떤 옷을 입고 공항에 가는지, 활동이 뜸할 땐 어떻게 하루를 보내는지 과하다 싶을 정도로 알려져요. 심지어 사생활을 몰래 찍은 사진이 기사로 나오기도 하죠. 어쩌면 아이돌의 삶은 일 년 열두 달, 24시간 지켜보는 상사가 있는 직장에 다니는 것과 비슷할지도 몰

라요. 그런데 왜 아이돌은 이런 상황에 놓이는 걸까요? 아이돌은 노동자가 아니라고 생각해서 그런 게 아닐까요?

아이돌도 밤에는 잠을 자고, 휴식이 필요한 노동자예요. 당연한 말이지만 연예인이라고 인기만 먹고 사는 게 아니라 건강하고 행복한 삶을 쭉 누릴 권리가 있는 사람이죠. 부득이한 경우가 아니라면 일하는 시간을 조절하고 충분한 휴식을 보장받으며 사생활도 존중받아야 해요. 아이돌의 사생활을 궁금해하는 것만큼 어떤 환경에서 일하는지 관심이 더욱 필요해요. 소속사와 계약을 공정하게 맺고 있는지, 일정이 너무 빡빡해서 제대로 쉬지 못하는 것은 아닌지, 무리한 체중 감량을 강요받으며 혹사당하고 있지는 않은지, 무대 장치가 위험하지는 않은지, 학교에 다니는 학생이라면 학교생활을 잘 보장받으며 일하고 있는지 등을요.

운동선수와 아이돌의 일하는 과정이나 환경이 다른 직장인과 좀 다르지만 그들도 분명 노동자예요. 무대와 경기장이 그들의 일터이죠. 노동자는 직업이 무엇이든, 일하는 기간이 짧든 길든, 돈을 많이 받고 일하든 아니든, 정규직이냐 아니냐에 상관없이 노동하는 모든 사람을 아울러요. 그렇다면 노동자가 어떤 환경에서 일하며 어떤 권리를 보장받아야 하는지 다음 장에서 자세히 살펴볼게요.

치킨도,
짜장면도 배달하는
나의 사장은
누구일까요?

한국은 배달 음식의 천국이죠. 치킨, 피자, 보쌈과 스파게티까지 주문만 하면 쉽게 받을 수 있어요. 우리가 음식을 편하게 시켜 먹을 수 있는 건 배달 노동자 덕분이에요. '신속 배달'이라는 말 그대로 주문 후 빠른 속도로 음식을 갖다 줘요. 몇 년 전까지만 해도 음식점에 직접 전화를 걸어 주문해야 했는데요, 이제는 음식점에 전화를 걸지 않고도 스마트폰에 있는 배달 어플을 통해 주문할 수 있어요. 이 어플에 들어가면 떡볶이, 치킨, 짜장면 등 각종 음식을 파는 집이 모두 모여 있어요. 주문 방법이 변한 이유 중 하나는 음식점에서 직접 고용한 배달노동자가 없기 때문이에요. 어떻게 배달노동자가 없는데 배달할 수 있을까요? 답은 플랫폼 노동에 있어요.

기차를 타는 곳을 플랫폼이라고 하죠? 플랫폼에서 기다리고 있으면 기차가 도착하고 각자 목적지에 따라 타고 내려요. 기차와 고객이 필요에 따라 만나는 플랫폼처럼 노동자와 소비자, 사장이 필요에 따라 만나는 플랫폼이 많이 생기고 있어요. 스마트폰의 앱이 대표적이에요. 사장은 앱을 통해 음식점을 홍보하고, 음식을 주문하고 싶은 소비자도 앱으로 주문을 넣어요. 배달노동자 역시 앱에서 일감을 받아 일하죠. 피자집 피자를 배달하다가 치킨집에 들러 치킨을 배달하기도 해요. 어떨 때는 피자, 치킨, 떡볶이를 한꺼번

에 배달하고요. 배달을 하나 할 때마다 정해진 돈을 받기 때문에 여러 배달을 한꺼번에 나가는 걸 선호해요. 배달 건수를 많이 채우기 위해 무리하게 속도를 내기도 하고요. 바쁘게 일하다가도 일감이 없는 시간에는 마냥 기다릴 수밖에 없어요. 당연히 일이 없으면 돈을 못 벌고요. 배달 시간을 지키기 위해 급하게 운전하거나 폭우와 폭설로 길이 미끄러워 사고가 나기도 해요. 다쳐서 일을 못 하면 오히려 부서진 오토바이 수리비를 혼자 감당하느라 돈을 더 써야 하죠.

노동자가 일하다 벌어진 일인데 사장은 책임이 없냐고요? 플랫폼 배달노동자의 사장은 누구일까요? 피자집 사장도 치킨집 사장도 떡볶이집 사장도 앱 운영자도 아니래요. 플랫폼에서 필요에 따라 만났을 뿐이라고요. 일은 시키면서 책임은 지지 않는 이상한 관계인 거죠. 배달노동자의 노동 덕에 사장도 돈을 벌고 앱 운영자도 돈을 버는데 일하다 사고를 당하거나 돈을 못 버는 것은 배달노동자 책임이라니 이상해요. 고용한 사장이 분명하지 않다고 노동자의 권리가 사라지는 것은 아닐 텐데 말이죠. 그렇다면 배달노동자 덕에 이득을 보는 사람들이 함께 책임져야 하는 것 아닐까요? 편리한 배달 어플을 사용할 때 마음 편히 일하지 못하는 배달노동자도 기억해 보면 어떨까요?

차별은 어디에서 시작될까?

미국의 한 학교에서 특이한 실험을 했어요. 교사가 하루를 시작하면서 오늘은 눈 색깔에 따라 학생을 다르게 대우하겠다고 선언한 거예요. 파란 눈의 학생이 연필을 떨어뜨리면 막 혼내고, 갈색 눈의 학생이 떨어뜨리면 친절하게 집어 주었죠. 점점 파란 눈의 학생들은 주눅이 들었고 갈색 눈의 학생은 의기양양해졌어요. 오후가 되자 교사뿐 아니라 갈색 눈의 학생도 파란 눈의 학생을 막 대하기 시작했고요. 심지어 갈색 눈의 학생들은 교사 말도 듣지 않았어요. 교사도 파란 눈이었거든요. 그저 규칙을 정하고 시작한 실험이었는데 결과는 엄청났죠.

만약 여러분이 이 교실 속 파란 눈의 학생이었다면 어땠을 것 같나요? 겨우 눈 색이 다른 것뿐인데 다르게 대하니 억울하기도 하고, 또 괜히 잘못한 느낌이 들지 않았을까 싶어요. 이처럼 차별은 차이에 따라 달리 대우하면서 생겨요. 눈 색깔에 따라 학생들을 다르게 대한 것처럼요.

어떤 사람을 열등하다고 여기고, 그쪽을 나쁘게 대하기 시작하면 이유도 모른 채 따라 하는 경우가 많아요. 교실 안에서는 교사의 목소리가 힘이 있다 보니 교사가 누군가를 차별하면 학생은 이상한 상황이더라도 받아들이기 쉽겠죠. 앞선 실험에서도 학생이 교사 역시 파란 눈이라는 걸 알았을 때는 교사 말까지 무시하게 될 정도로 차별의 영향력은 엄청났어요.

잠깐의 실험이 아니라 실제 생활에서 이런 일이 벌어진다면 어떨까요? 실험에서처럼 처음에는 의아하더라도 점점 차별이 당연하게 느껴질 거예요. 차별하는 데에 익숙해지면 왜 그런 차별이 생겼는지도 궁금해하지 않을 거고요. 특히 내가 차별받는 쪽이 아니라면 더욱 그렇겠죠. '왜 저 사람을 차별해?'라는 질문조차 이상하다고 생각할지 몰라요.

여러분도 알듯이 세상은 여러 모습과 환경으로 가득 차 있어요. 우리는 모두 다르게 태어났고, 각자의 환경에서 자라나죠. 세상에 수만 가지의 사람이 있듯이 일터에서도 서로 다른 사람들이 어울려 일을 해요. 그런데 가끔 부당한 이유로 차별받는 노동자가 있어요. 같은 일을 하는데도 임

금을 적게 받거나, 일한 만큼 돈을 받지 못하면서요. 왜 적은 임금을 주는지 물으면 들어온 지 얼마 안 되어 그렇다거나, 나이가 어리거나 많아서, 여성이라서, 대학을 나오지 않아서, 다른 나라 사람이라서, 1년만 일하는 사람이라서 그렇다는 등의 이야기를 해요. 그런데 이런 조건이 같은 일을 하는데 임금을 다르게 줘도 되는 이유가 될까요?

수많은 차이 중에서 어떤 차이만 도드라지게 대우하면 차별이 생겨요. 일터에서 특정한 차이로 노동자를 차별하는 이유는 무엇일까요? 또 그러한 차별이 사라지지 않고 반복되는 이유는 무엇인지, 누구나 동등한 대우를 받으며 일할 수는 없는 것일지 함께 알아봐요.

어려서 반말했는데 뭐가 문제냐고?

"야!, 너! 말고 이름을 불러줬으면 좋겠어요."

제가 일하는 청소년과 상담할 때 자주 듣는 말이에요. 청소년이 일하기 좋은 노동환경을 만들기 위한 실태 조사를 할 때도 많이 듣고요. '야, 너' 같은 호칭뿐 아니라 욕을 듣는 경우도 많다고 해요. 그래서인지 "다른 사람과 똑같이 대우해 줬으면 좋겠어요"라고 얘기하는 청소년도 많아요. 함께 일하는 나이 많은 동료에게는 그러지 않으면서 나이가 어려 보이는 자신을 만만하게 보고 그러는 것 같다면서요.

나이 많은 사람이 어린 사람에게 아무렇지 않게 반말을 쓰는 상황을 적지 않게 봐요. 사회에서 어른에 대한 존중은 강조하면서 어린 사람에 대한 존중은 중요하게 여기지 않기 때문일 거예요. 말에는 상대에 대한 마음이 담겨 있으니까요. 반말은 단순하게 말을 놓는 데서 그치는 게 아니라 그 사람을 존중하지 않는 태도에서 시작되는 것이죠.

만약 종일 일하는 일터에서 이런 대우를 받는다면 어떨까요? 그러려니 하고 넘어가거나, 나쁜 마음이 있어서가 아니라 친근함의 표시로 그러는 것이니 그냥 참고 말자고 생각할 수도 있겠어요. 하지만 일하면서 계속 무시받는 느낌이 들 거예요. 나 자신뿐 아니라 내가 하는 노동도 가볍게 여겨지고요.

나이 어린 사람을 존중하지 않는 태도는 반말 말고도 다른 모습으로도 나타나요. 그 사람이 어떤 일에 잘 맞는지 알아보기도 전에 나이가 어리다고 기회조차 주지 않는 것이 대표적이에요. 사람을 뽑을 때부터 '몇 살 이상'이나 '몇 살 이하'라는 기준을 정하는 것은 법으로 금지하고 있어요. 나이가 어리거나 많다고 차별해선 안 된다고 못을 박아 둔 것이죠.

같은 일을 하는데 나이를 이유로 임금을 적게 주는 일도 있어요. 나이도 적은데 용돈만 벌면 되지 돈 쓸 곳이 어디 있냐고 지레짐작하거나, 어린데 써 주는 것만도 고맙게 여기라는 식으로 나오는 거죠. 하지만 법에서는 분명히 나이가 어리다고 돈을 적게 주는 것 역시 금지하고 있어요. 아무리 나이가 어려도 법에서 정한 최저임금 이상을 받아야 하죠. 만일 부당하게 임금을 적게 받았거나 못 받는 경우가 생긴다면 청소년 노동자를 전문으로 상담해 주는 기관이나 지역의 노동상담소, 고용노동부 등에 이야기하고 도움을 받을 수 있어요.

만약 나이가 어려서 돈을 적게 받아도 된다면 나이가 많다는 이유로 적게 주는 것은 어떻게 설명할까요? 누구나 처음은 있는 법이에요. 처음이라 서툴러도 일을 경험하고 익힐 기회를 얻으면 더 성장하고 달라질 수 있죠. 커피숍에서 주문받고 음료를 만들어 내는 일은 일정 기간 교육을 받고 반복하면 능숙해질 수 있는 일이에요. 음료마다 제조

법이 정해져 있으니 방법을 익히고 연습하면 잘 할 수 있는 일이죠. 나이에 따라 잘하고 못하고가 결정되기보다는 얼마나 그 일을 잘 익히고 해내느냐에 따라 결정돼요. 그러니 단지 나이가 어리거나 혹은 많다는 이유로 돈을 적게 받아도 된다는 주장은 말이 되지 않겠죠?

노동자를 나이에 따라 차별하는 것은 아무리 일 경험이 많아도 경력을 인정해 주지 않는 결과를 낳기도 해요. A커피숍에서 1년 일한 뒤 B커피숍에서 일하게 되어도 A커피숍에서 일한 경력을 인정해서 돈을 더 주는 일이 드물 거든요. 무조건 반말로 대하고, 돈을 적게 주고, 경력을 인정하지 않는 모든 이유가 단지 나이가 어리기 때문이라면 이해할 수 있을까요? 그저 임금을 적게 주려는 핑계는 아닐지, 나이가 많은 사람은 반대의 이유로 잘 대우해 주고 있는지 생각해 봐요.

여자라서, 남자라서 잘하는 일이 따로 있다고?

"쌤, 집에서부터 그러고 왔어요?"

"안 불편해요?"

"계속 입고 수업할 거예요?"

"남자가 입는 치마는 어디서 팔아요?"

서울의 한 초등학교가 소란스러워졌어요. 남자 교사가 치마를 입고 학교에 나타났거든요. 이 교사는 왜 치마를 입고 출근한 것일까요?

우리는 흔히 남성과 치마는 어울리지 않는다고 생각해요. 그러니 치마를 입고 등장한 남자 교사를 보면 이상하고 낯선 느낌이 들죠. 그런데 원래부터 치마는 여자만 입는 것이었을까요? 그리고 이전부터 그랬다고 해서 남자는 치마를 입으면 안 되는 걸까요? 아마 저 교사는 그런 질문을 던지고 싶었던 것 같아요.

인류의 역사가 시작될 무렵에는 성별에 구분 없이 치마를 입었어요. 아마 만들기 쉬워서 그랬을 거예요. 그런데 바늘을 만들고, 재봉틀이 만들어진 후에도 치마를 귀족 남성의 차림으로 생각하는 나라도 있었어요. 귀족 남성 중엔 치마뿐만 아니라 가발을 쓰고 화장하는 사람도 많았고요. 아직 이런 문화가 남아 있는 나라도 많아요. 스코틀랜드의 전통 의상 킬트*는 남성들이 입지만 치마 형태이죠.

★ 킬트 유럽 국가인 스코틀랜드에서 남자가 전통적으로 입는 체크무늬 치마.

이처럼 원래부터 '치마=여자'라는 공식이 있었던 게 아니에요. 시대에 따라 사람들이 만든 문화가 반영된 것이죠. 마찬가지로 여자라서, 남자라서 원래 그래야 하는 건 없어요. 그런 생각이 든다면 사회에서 오랜 시간 익숙하게 전해져 온 문화가 어느새 당연한 것처럼 굳어진 것이죠.

일에 대해서도 마찬가지예요. 여자니까 꼼꼼한 일을 잘한다, 거친 일은 남자가 해야지 같은 말에는 성별에 따라 잘하는 일이 따로 있다는 생각이 담겨 있어요. 하지만 사람에 따라 섬세한 성격이라서, 다른 사람의 말을 찰떡같이 이해하는 사람이라서, 계산을 잘하는 사람이라서 등등 잘하는 일의 차이가 있을 뿐이에요.

만일 타워크레인* 운전은 남성의 일이라고 말하면 타워크레인을 운전하고 싶은 여성 중 지레 포기하는 사람이 생기지 않을까요? 어떤 여성은 타워크레인

> ★ **타워크레인** 건축할 때 이용하는 거대한 탑 모양의 기계. 무거운 물건을 옮길 때 사용한다.

운전기사 자격증을 따러 갔다가 "여자라서 못 딸 거요"라는 말을 듣고 오기가 생겨 더 악착같이 시험을 봤다고 해요. 자격증을 따고 일하러 가서도 불편한 게 한둘이 아니었죠. 보는 사람마다 신기한 걸 본 것처럼 쳐다보거나 "남편이 못나서 돈 벌러 나왔구먼. 쯧쯧" 하며 대놓고 무시하는 사람

도 있고요. 화장실도 남성용만 있어 물을 마시지 않고 꾹 꾹 참기도 했대요. 타워크레인 운전은 남자가 하는 일이라고 생각해서 일하는 공간도 모두 남성 위주로 만들어 놓은 거죠. 당연히 여성이 편하게 옷을 갈아입고 쉴 수 있는 공간이나 일을 마치고 시원하게 씻을 공간도 찾기 어렵죠. 이런 불편함을 참고 일하면 또 이렇게 이야기할지도 몰라요. '여자치곤 잘하긴 하는데 참 독하네……', '저러니 이런 험한 데서 일하지.'

이런 환경에서 일한다면 어떤 사람이라도 오래 일하기 힘들 것 같아요. 그러다가 일을 그만둘 수밖에 없을 때는 오히려 '그럴 줄 알았어, 이래서 여자는 안 된다니깐' 같은 소리를 들을지도 몰라요. 여성 노동자를 배제한 환경은 돌아보지 못하고 개인을 탓하는 거죠. 이런 일이 반복되면 그 일터에는 더욱 여성이 없어질 테고 성별에 따른 구별이 뚜렷해질 거예요. 남성 혹은 여성이라는 성별은 내가 골라서 태어날 수 없는데 성별에 따라 포기해야 하는 일이 많아진다면 어떨까요? 타고난 성별 때문에 하고 싶은 일을 할 기회가 없거나, 있더라도 차별 대우를 받는다면 정말 우울할 거예요.

여성에게 맞는 것, 남성에게 맞는 것의 구분은 나라마다

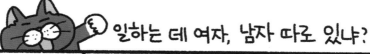

일하는 데 여자, 남자 따로 있냐?

다르고, 문화마다 달라요. 요즘 여성의 색이라고 생각하는 분홍색은 17세기 유럽 왕실에서는 왕자와 남자의 색이었다고 해요. 여자는 분홍, 남자는 파랑이라는 생각은 1940년대부터 생겨난 거라는 연구 결과도 있어요. 제조업체에서 여아와 남아의 물건과 색을 구분해 만들어 팔기 시작하면서 어렸을 때부터 익숙해진 것이라는 거죠. 그러니까 원래부터 여성의 것, 남성의 것이라는 게 구분되어 있지는 않았어요. 여성의 일과 남성의 일이 따로 있다는 생각도 마찬가지 아닐까요?

성별에 구애받지 않고 자신의 일을 선택하는 세상은 어떤 모습일까요? 여자라서, 남자니까라는 말로 생각과 행동을 제한하지 않으니 훨씬 자유로울 거예요. 요리나 살림을 잘하는 남성이 전업주부로 지낸다고 해서 "남자 망신시킨다"는 말을 듣지 않아도 되겠죠. 또, 성별에 상관없이 노동자를 인정하고 존중하면 성별에 따라 임금을 차별해 주는 일도 없어질 거고요. 여자와 남자의 일 사이에 그어둔 선을 지운다면 누구나 원하는 일터로 찾아갈 수 있지 않을까요?

필요하다고 불러 놓고 이주민이라 적게 준다고?

혹시 여러분이 좋아하는 아이돌 그룹에는 한국인만 있나요? 요즘 활동하는 아이돌 그룹에는 태국, 중국, 미국 등여러 국적의 사람이 모여 있기도 해요. 이름과 겉모습만 봐서는 어떤 멤버가 한국인이고 누가 외국인인지 알아차리기힘들죠. 이처럼 한국에서 일하지만 외국 국적을 갖고 있는사람은 연예인 말고도 운동선수, 대사관 직원, 한국 지사에 와서 일하는 회사원 등등 아주 많아요. 일하는 분야도다양하고요.

한국에는 현재 200만 명 정도의 이주민★이 살고 있다고 해요. 이 중에서 한국에직장을 갖기 위해 온 노동자는 150만 명

> ★ **이주민** 다른 지역에서 옮겨 오거나 옮겨 가서 사는 사람.

정도고요. 한국에 와서 일해도 좋다고 약속된 나라는 현재총 15개국이에요. 이렇게 한국에서 머물면서 일하는 이주민을 이주 노동자라고 불러요.

한국에 처음 이주 노동자가 오기 시작했을 때는 부족한 기술을 알려 주러 온 전문직 노동자가 많았어요. 그러다 1990년대 초부터는 '산업연수생 제도'라는 것이 생겨 한국 노동자가 꺼리는 '더럽고(dirty), 어렵고(difficult), 위험한

(dangerous)' 3D 분야에서 일하는 이주 노동자가 늘었고요. 한국의 산업이 급속하게 성장하면서 일할 곳이 많아졌고, 사람들은 3D 분야보다는 다른 일을 선호했거든요. 그리고 그 빈자리를 이주 노동자들이 채워 갔죠.

요새는 어떨까요? 산업연수생 제도가 '고용허가제*'로 바뀌고 산업현장에서 이주 노동자의 대우가 이전과 달라진 부분도 많지만, 여전히 한국 노동자가 꺼

★ **고용허가제** 기업이 이주 노동자를 고용할 때 국내 노동자와 동등한 대우를 받도록 보장하기 위해 나라에서 관리하는 제도.

리는 일을 이주 노동자가 하고 있어요. 농어촌과 산촌 지역은 이주 노동자 없이는 유지할 수 없을 정도라고 해요. 고되고 힘든 일이 많은 회사는 일할 사람을 못 구해서 정부에 이주 노동자를 요청할 정도고요. 이처럼 한국 구석구석에서 이주 노동자가 일하고 있어요.

그런데 이주 노동자가 일하면서 받는 대우를 보면 갸우뚱할 때가 있어요. 일할 사람을 못 구해서 쩔쩔매던 일터가 맞나 싶을 정도로 제대로 대우하지 않는 걸 볼 때죠. 화장실도 없는 비닐하우스에서 먹고 자게 하거나 휴일도 없이 장시간 일을 시키는 것, 위험한 일을 시키면서 안전 장비도 제대로 주지 않는 것 등이요. 한국말을 못 알아듣는다고 임금을 속이거나 부당하게 깎는 일도 많아요. 이주 노동자

가 참고 참다 일할 곳을 옮기고 싶을 때도 마음대로 옮길 수가 없대요. 왜일까요?

고용허가제를 통해 온 이주 노동자는 한국에서 5년 이내로만 일할 수 있어요. 이주 노동자를 고용하겠다고 허락받은 사장 밑에서만 일할 수 있고요. 일하는 도중에 일터를 옮길 때도 사장의 허락을 받아야 하는데, 그것도 세 번까지만 가능해요. 더 오래 일하고 싶으면 자신의 나라로 갔다가 3개월 후에 다시 와야 하죠. 그마저도 사장이 다시 허가를 받아 줘야 해서 쉽지 않아요. 만약 사장과 사이가 나쁘다면 아예 부탁도 하기 힘들 테니까요. 일터를 옮기기 위해 기다리는 기간에는 돈을 벌 수 없어 생계가 막막하기도 해요.

한국을 나가면 다시 올 수 있을지 기약할 수 없어 계속 머무르다 약속된 기간을 넘겨 미등록 이주 노동자가 되기도 해요. 미등록 상태로 일하는 이주 노동자는 이전보다 더 열악한 조건에서 일하게 돼요. 여차하면 영영 한국에서 쫓겨날 수 있으니 어떤 악조건도 참고 일하는 거죠. 실제로 미등록 이주 노동자가 단속을 당해 쫓기다 사망하는 안타까운 일이 반복되고 있어요.

법은 지켜야 하니 어긴 사람이 잘못한 거로 생각하기 쉬워요. 그런데 애초에 법을 만들 때 이주 노동자의 형편을 고려하지 않고 만든 법이라면요? 법에는 사람들의 생각이 반영돼요. 이주 노동자에 대한 존중 없이 만든 법이라면 노동자들에게 불리한 내용이 훨씬 많겠죠. 앞에서 살펴본 것처럼 사장의 허락이 있어야만 직장을 옮길 수 있다 보니 안전하지 못한 환경에서 일해야 하거나 위험하고 부당한 상황이 생길 수 있어요. 이런 현실을 이해하면 법을 지키지 않는다며 무조건 이주 노동자를 탓하기 어려워요.

모든 이주민에게 똑같은 법이 적용되는 것도 아니에요. 중국이나 러시아에서 태어난 동포들에게는 한국과 본국을 자유롭게 오가며 취업할 수 있는 제도가 있거든요. 일할 수 있는 곳도 더 많고 이동도 자유롭죠. 처한 조건에 따라 이주 노동자가 누릴 수 있는 권리가 달라진다면 제대로 된 법이라 할 수 있을까요? 이미 만들어진 법이니 무조건 따라야 한다는 생각보다는 그 법의 영향을 받는 사람을 먼저 생각해 보면 좋겠어요. 노동자를 위해 만든 법이라면 노동자를 존중하는 마음을 담아야 한다는 생각이 뒤따라야 할 거예요.

우리는 지금 사는 집, 마을, 학교를 떠나 언제든 낯선 공간으로 이주할 가능성이 있어요. 실제로 한국 사람들도 과거 독일에 광부와 간호사로, 사우디아라비아 같은 중동 국

가에 건설 일을 하러 이주한 경우가 있었어요. 요새도 외국어를 공부해서 다른 나라로 돈 벌러 갈 준비하는 사람이 많고요. 다른 나라에 가서 일하면 나도 이주 노동자예요. 그런데 단지 그 나라 사람이 아니라는 이유로 일한 만큼 임금을 받지 못하고 집이라 부를 수도 없는 공간에서 생활하거나 마음대로 이동할 수조차 없다면 어떨지 생각해 보세요. 낯선 국가에서 언어와 문화 차이로 겪는 어려움이 클 텐데 일하면서 인종차별까지 받는다면 이중삼중의 고통으로 힘들겠죠. 국경의 개념이 희미해지고 자유로운 이동이 가능한 시대에 단지 국적이 다르다는 이유로 정해진 기간에 정해진 일만 하며 일터에서 차별받는 것은 이상한 일 아닐까요?

장애가 있다는 이유로 일할 기회조차 없다면?

여러분은 마트나 식당, 학교에서 일하는 장애인 노동자를 자주 만나나요? 일상에서 일하는 장애인은 만나기 어려운 것 같아요. 혹시 신체나 정신에 장애가 있는 사람은 일을 잘하지 못할 테니 그럴 수밖에 없다고 생각하나요? 정말 장애인은 일을 하기에 마땅하지 않은 사람일까요?

누군가의 출근길을 함께 상상해 봐요. 출근해야 할 회사는 3층인데, 건물에 엘리베이터가 없네요. 그 사람이 발에 깁스를 했거나 휠체어를 이용한다면 어떨까요? 남들은 쉽게 오르는 계단이 험난한 산처럼 보일 거예요. 그런데 불편을 느끼는 사람 한 명을 위해 엘리베이터를 설치해 주려는 회사가 많을까요? 아마 그 노동자는 여건이 맞는 다른 회사를 찾으려 할 거고, 선택권은 점점 좁아질 거예요.

손익을 따지는 사회에서는 불편을 느끼는 사람보다 느끼지 않는 사람이 많으면, 불편을 느끼는 소수를 배제하기 쉬워요. 출근하기 힘든 사람이 아니라 쉬운 사람을 뽑으면 된다고 간단히 생각하죠. 그런데 그런 식으로 일터에서 계속 밀려나는 사람들이 많아진다면 어떨까요? 함께 일하기 어려우면 자격이 되지 않는다며 기회도 주지 않는 사회라면 모두 마음 편히 일을 할 수 있을까요?

엘리베이터는 휠체어로 이동하는 사람뿐 아니라 유아차를 끌고 이동하는 사람, 지팡이에 의지해 걷는 사람처럼 계단 이용에 불편을 겪는 모든 사람에게 도움이 돼요. 평소에는 계단도 잘 오르던 사람이 깁스를 해 목발을 짚어야 한다면 그 사람도 엘리베이터의 도움을 받겠죠. 단순히 엘리베이터를 설치하느냐, 안 하느냐의 문제가 아니에요. 개선할 수 있는 장애물들을 치우지 않고 쌓아둔 채 장애인에게만 책임을 전가하는 인식이 문제가 돼요.

왼손잡이 예를 들어볼까요? 눈금자의 숫자 배열은 왼쪽에서 오른쪽으로 되어 있고, 카메라의 주요 버튼은 오른쪽에 위치해요. 돌리는 문 손잡이는 오른손잡이가 시계방향으로 돌릴 때 편하도록 만들죠. 이렇게 온통 오른손잡이를 위해 디자인된 물건들은 왼손잡이에게 문제가 있는 것처럼 생각이 들게 해요. 오른손잡이 중심 사회가 당연한 거니 왼손잡이는 불편을 감수하라거나 오른손잡이가 되기 위해 노력하라고 훈계하죠. 하지만 진짜 문제는 왼손잡이로 태어난 것이 아니라, 물건을 만들 때 왼손잡이를 고려하지 않은 것이에요.

요새는 교통시설에 엘리베이터 의무 설치, 턱 없는 거리와 건물 만들기, 경사로 설치, 저상 버스 도입 등 모두의 이동권을 보장하기 위한 법·제도적 노력이 확대되고 있어요. 그런데 장애인 노동자가 직장을 갖기 어려운 이유가 이동 문제만은 아니에요. 이동에 큰 어려움이 없는 장애인도 일할 기회를 얻기 어려운 경우가 많아요. 일하는 속도가 비장애인보다 느리다는 이유, 의사소통이 어렵다는 이유를 들어 아예 일할 기회를 주지 않기 때문이죠. 그럴수록 점점 일터에서 장애인을 만나기는 어려워지고, 어쩌면 장애인과 함께 사는 법을 아예 고민하지 않을지도 몰라요. 건강한 사회를 위해선 누군가를 따돌리기보다 서로의 짐을 나누어서 지고 함께 가는 길을 택해야 해요.

조금만 생각해 보면 장애인과 함께 일할 환경을 만들 수 있어요. 한국어에 서툰 이주민이 한국에 왔을 때 불편함이 없도록 통역 서비스를 지원하는 것처럼 장애인의 의사소통을 돕는 방법을 찾아보는 것이죠. 각 사람에게 적합한 일을 찾아 안내해 주고요. 이미 한국은 장애인에게 일할 기회를 마련하고 인식을 바꿔 갈 방법을 찾기 위해 공공기관과 대기업에 장애인 고용할당제를 두고 있어요. 장애인 노동자를 일정 비율 의무적으로 고용해야 한다고 정한 것이죠. 그런데 잘 지켜지지 않아 무척 아쉬워요. 기업에서는 차라리 벌금을 내는 게 낫다는 말도 하니까요. 제도를 갖추고 건물 구조를 바꾸는 일보다 중요한 건 우리의 인식을 새롭게 하는 일이에요.

이미 장애인을 고용한 일터에도 변해야 할 게 많아요. 비장애인보다 턱없이 낮은 임금을 주는 걸 당연하게 생각하거나 최저임금을 주지 않아도 된다고 생각하는 곳이 많

거든요. 장애인은 복지수당*을 받고 있
으니 조금만 벌어도 생활이 가능하지 않
겠냐는 시선도 있어요. 그 결과 장애인

★ **복지수당** 정부가 복지가
필요한 사람들에게 주는
돈.

의 평균 임금이 비장애인 평균 임금의 70%에 불과하다고
해요. 중증 장애인의 경우 평균 시급이 3,400원 정도에 불
과해 최저임금의 반에도 한참 못 미쳤고요. 같은 시간을 일
했는데 장애인이니까 일한 몫을 제대로 챙겨 주지 않는다
면 정말 억울하지 않을까요?

차라리 힘들게 일하지 말고 복지수당을 받으며 편하게
지내라는 사람들도 있어요. 하지만 일을 할 수 있는데 안
하는 것과 하고 싶어도 못하는 상황은 분명 달라요. 복지
수당이 생활하기에 충분하지 않다는 문제도 있고요. 무엇
보다 사람이 일하는 이유가 돈을 벌기 위해서만은 아니죠.
일하면서 얻는 성취감과 다른 사람과 관계를 맺으며 느끼
는 행복, 어떤 회사에 속해 있다는 소속감이나 안정감 등
도 노동을 통해 얻을 수 있는 것들이에요. 일하지 말라는
건 이 모든 걸 포기하라는 말과 같을 거예요.

어떤 사람 앞에 무수한 장애물이 있다면 그 장애물을 피
해 가지 못하는 사람에게만 잘못이 있는 건 아니겠죠. 제
대로 환경을 갖춘 일터가 없다면 아무리 법으로 장애인을

고용해야 한다고 정해 놓아도 효과를 기대하기 어려울 거예요. 반대로 누가 와서 일하든 장애가 없는 환경을 갖춘다면 장애인 노동자뿐 아니라 그 일터에서 일하게 될 다른 노동자에게도 편하고 안전한 일터가 되겠죠. 자격이 되지 않는다며 누군가를 밀어내는 사회와 함께 지혜를 모아 모두를 위한 환경을 고민하는 사회, 여러분은 둘 중 어디에 속하고 싶나요?

쉽게 쓰고 버리는 일회용품 취급은 싫어!

노동자 중에는 자기가 일하고 싶을 때까지 일할 수 있는 사람이 있고 그렇지 못한 사람이 있어요. 이를 구분 지어 정규직과 비정규직이라고 불러요. 앞서 설명한 것처럼 비정규직에 해당하는 노동자는 부르는 이름이 너무 많아서 다 알기 어려울 정도예요. 대표적으로 기간제 노동자와 단시간 노동자가 있어요. 3개월, 10개월, 1년처럼 일하는 기간을 정한 노동자를 기간제 노동자, 노동 시간이 하루 5시간 또는 하루 3시간처럼 짧은 경우 단시간 노동자라고 부른다고 했죠? 파트타이머라고도 하고요.

비정규직 중에는 안정적으로 일하고 싶어도 정규직으로 노동자를 뽑는 곳이 없어서 어쩔 수 없이 비정규직이 된 경우가 대부분이에요. 원래 비정규직은 노동자에게 갑작스럽게 사정이 생기거나 휴식이 필요할 때 그 자리를 채우기 위해 뽑았던 자리였어요. 예를 들어 노동자가 아기를 낳으러 출산휴가를 가면 그 빈자리를 채우기 위해 몇 달간 일할 기간제 노동자를 뽑았죠. 노동자가 일하다 다쳐서 몇 달간 쉬어야 할 때 대신할 사람을 뽑기도 했고요. 또, 누구도 대신할 수 없는 전문 기술이 필요할 때 특별하게 뽑기도 했어요. 새로운 기술을 배우는 데 필요한 기간만큼 전문가가 와서 일하는 것이죠.

그러다 1997년, 한국에 외환위기*가 발생하면서 비정규직 노동자들이 많이 늘어났어요. 경제 사정이 나빠지자 여건에 따라 직원을 쉽게 해고할 수 있는 환경이 만들어졌거든요. 기업의 구조조정을 이유로 들어 정리해고를 하거나, 정년을 보장하는 정규직 대신 1년, 2년 기간을 정한 기간제 노동자와 짧은 시간 고용하는 시간제 노동자로 채우기 시작한 거죠. 나라에서는 기업을 살려야 경제가 산다는 생각에 기업 위주로 정책

> ★ **외환위기** 외화, 즉 달러가 부족하여 국가가 큰 어려움을 겪는 일. 한국은 1997년 12월, IMF라는 기구에 돈을 빌리는 조건으로 여러 노동 환경을 바꿔야 했다.

을 펼쳤고, 노동자들은 쓰고 버리는 일회용품처럼 너무 쉽게 생각되었어요.

그런데 이제는 어쩔 수 없는 사정이나 특별한 이유가 없는데도 처음부터 비정규직으로 직원을 뽑기도 해요. 마트 영업을 하려면 물건을 진열하고, 계산하고, 카트를 정리하는 등의 일이 항상 필요하죠. 그런데 6개월, 12개월마다 사람을 바꿔 쓴다고 생각해 보세요. 그렇게 불안한 자리에서 일하는 노동자가 행복할 수 있을까요? 또 일에 익숙해진 사람이 때가 되면 나가고 다른 사람이 들어와 처음부터 일을 배워야 한다면 회사 입장에서도 과연 좋은 일일까요?

정해진 짧은 기간만 일해서 불안한 것도 문제지만 비정규직이 더 힘들어하는 것은 정규직과 차별하는 것이에요. 같은 일을 해도 비정규직이라는 이유로 돈을 적게 받는 일이 많거든요. 자동차 공장에서 오른쪽 바퀴는 정규직 노동자가, 왼쪽 바퀴는 비정규직 노동자가 조립하는데 대우가 다르면 어떨까요? 같은 일을 하는데 임금에 차이가 있다면 공정한 일터라고 볼 수 없겠죠.

명절에 사람들이 참치 캔 같은 선물세트를 들고 다니는 걸 본 적이 있을 거예요. 비정규직 노동자의 경우 이런 명절 선물이나 통근 버스 이용 같은 정규직에게는 당연한 혜

택을 받지 못하는 경우가 있어요. 명절 선물을 받더라도 종류가 다르기도 하고요. 사원증의 색깔이나 모양을 다르게 구분하는 곳도 있죠. 출근해서 퇴근할 때까지 '나는 비정규직'이라고 생각하면서 일하는 마음은 어떨까요? 잘못한 일도 없는데 사람들 시선에 괜히 주눅이 들 것 같아요. 나도 모르게 어깨도 움츠러들고 신분증을 슬쩍 주머니에 넣어 버릴지도 모르죠. 만일 신분증이 다른 사람은 밥도 따로 먹는다면 같은 회사에 다니고 있어도 신분이 다른 사람으로 사는 것 같아 속상하지 않을까요?

원래 정규직으로 뽑아야 하는 일을 기업이 편하기 위해 비정규직으로 만들어 놓고, 계속 노동자를 일회용품처럼 대하는 건 부당한 일이에요. 모두가 누려야 할 권리를 무시하는 일이고요. 만일 어쩔 수 없이 비정규직을 뽑았다면 불안정한 삶에 대한 더 많은 보상을 하는 게 공정하겠죠. 시급도 정규직보다 높게 주고 차별대우도 하지 말고요. 그러면 누가 비정규직을 뽑느냐고요? 그러니까 아주 특별한 경우가 아니라면 정규직으로 노동자를 뽑는 게 당연한 일이 되어야 하지 않을까요?

차별받지 않을 권리는 인권을 이야기할 때 가장 중요하고 기본적인 원칙이에요. 인권은 누구나 예외 없이 누려야 할 권리이기 때문이죠. 그러니 일터에 차별이 없어야 노동자가 자유롭고 평등하게 일할 수 있어요. 차별이 없어야 한다는 생각만으로는 부족해서 오래전부터 많은 사람이 함께 내용을 문서로도 정리해 선언했어요. 이러한 선언은 한 나라에서만 머물지 않고 각 나라로 퍼져 인권법과 제도가 탄생하는 데 중요한 역할을 하기도 했지요. 인권의 목록을 담은 문서에는 세계인권선언, 경제적·사회적·문화적 권리에 관한 국제규약, 시민적·정치적 권리에 관한 국제규약, 유엔아동권리협약 등이 있어요.

한국도 차별하지 말라고 정한 법이 있어요. 헌법, 근로기준법, 남녀고용평등과 일·가정 양립 지원에 관한 법률, 장애인차별금지법, 고용상 연령차별 금지법, 국가인권위원회법 같은 것들이죠. 모두 일터에서 벌어지는 차별을 금지하는 내용을 담고 있어요. 성별, 나이, 장애 유무, 성적 지향, 학력과 태어난 지역으로 차별해서는 안 되고, 일하는 기간이나 시간이 짧다고, 혹은 비정규직이나 인턴, 실습생, 노동조합 조합원이라는 이유 등으로 차별해서는 안 된다는 원칙을 정했죠. 노동자가 일을 구할 때, 임금을 정할 때, 높은 직급으로 올라가는 사람을 정할 때, 아파서 쉬고 돌아왔을 때에도 불이익이 없도록 지켜나가야 할 원칙이에요.

2008년에는 청소년 스스로 노동 인권 선언을 한 적이 있어요. "청소년 노동자라는 이유로 무시하고 차별하는 것은 부당해!"라고 외치며 일하는 청소년을 존중하라고 했죠. 여러분은 어떤 인권 선언을 하고 싶으세요? 2008년, 광장에 모였던 청소년처럼 여러분도 자유롭고 평등하게 일하기 위해 꼭 필요한 인권 선언 목록을 만들어 보세요.

2008 청소년 인권 선언 중에서

6. 청소년은 노동하거나 하지 않을 권리가 있어. 일하는 목적이 생계를 위한 것이건 다른 용도를 위한 것이건 상관없이 청소년들의 노동은 존중받아야 해.

♪ 청소년 노동자라는 이유로 무시하고 차별하는 것은 부당해!

♪ 노동하는 청소년은 안전하고 좋은 노동환경에서 적절한 임금과 복지 혜택을 받을 권리가 있고, 착취를 당하지 않아야 해.

♪ 청소년에게는 노동조건을 바꾸기 위해 행동할 권리가 있고, 이런 행동 때문에 불이익을 당해선 안 돼.

♪ 청소년을 강제로 동원해서 노동시킬 수 없어. 예를 들면, 봉사시간을 채워 오게 하거나 다른 강압적인 방법으로 봉사활동이나 참여하고 싶지 않은 행사에 강제로 참석시켜서는 안 돼.

"노동은 상품이 아니다"

우리는 누구나 자유롭고 행복한 삶을 꿈 꿔요. 그런데 일상에서는 자유롭다가도 일터에서는 그렇지 못하다면 진정 자유로운 삶이라고 할 수 있을까요? 아무리 돈을 받고 노동력을 제공한다고 해도 그 돈에 내 모든 것을 판 건 아니잖아요. 내가 어디에 있든 무슨 일을 하든 자유롭고 행복한 일상을 지속할 권리가 있어요. 이것은 성별이 무엇이든, 나이가 많든 적든, 부자든 가난하든, 장애가 있든 없든, 어떤 언어를 쓰든 상관없이 가능해야 하죠.

급격한 산업화✸ 과정 초기에는 하루 14시간이 넘는 장시간 노동에 혹사당하고 비위생적인 공장에서 병을 얻는 노동자가 많았대요. 6~7세부터 일을 시작한 공장 노동자는 40세가 되면 일하기 어려

✸ **산업화** 산업이 발달하면서 생산활동이 기계화, 분업화되는 것. 산업화가 진행될수록 시대마다 새로운 산업이 발달하고, 사람들이 도시로 몰리는 등 생활 환경도 함께 변한다.

울 정도로 건강이 나빴고요. 공장주들은 내 돈 내고 지은 내 공장이니 그 안의 사람들을 맘대로 해도 된다고 생각했죠. 노동자 역시 내가 그렇게 계약을 맺었으니 어쩔 수 없다고 생각했고요. 하지만 아무리 내 공장이고 노동자가 원해서 일을 하는 것이라 해도 이렇게 혹사시키는 건 야만적인 일이었죠.

이러한 참혹한 현실에 의문을 품은 사람들이 노동자를 위한 법과 제도를 만들기 시작했어요. 노동자를 위한 법을 통틀어 '노동법'이라고 해요. 처음엔 공장법이라고 불리던 노동법은 만들어진 지 180년 정도밖에 안 됐어요. 법과 제도가 생겼으니 바로 노동자의 처지가 나아졌을까요? 그렇지는 않았어요. 법과 제도가 있어도 무시되기 일쑤였고, 노동자를 대하는 태도도 좀처럼 나아지지 않았어요. 왜일까요?

사람의 노동력은 다른 상품과 아주 다른 특징이 있어요. 바로 노동에는 사람이 늘 따라온다는 거예요. 물건과 달리 노동력만 떼서 팔 수 있는 게 아니라 늘 사람이 같이 있어야 하니까요. 노동자를 물건처럼 생각한다면, 노동자의 인격을 존중하지 않는다면 아무리 법과 제도를 잘 만들어 놓

> ★ **국제노동기구(ILO)** 노동 문제를 다루는 UN의 전문 기구. 노동자들이 인간의 존엄성을 유지하며 노동할 수 있도록 노동 환경 등을 보장하여 사회 정의를 확립하고 세계평화에 공헌하는 것을 목표로 한다.

아도 소용이 없어요. 이런 생각을 담아 국제노동기구＊는 1944년 미국 필라델피아에서 "노동은 상품이 아니다"라고 선언했어요.

1948년 세계인권선언에서는 인간의 존엄성을 지키기 위해 꼭 지켜야 할 노동권을 다시 한번 확인했어요. 국제노동기구에서 정한 약속과 세계인권선언 등 노동자의 권리를 잘 지키기 위한 약속에는 공통점이 있어요. 바로 인간이 물건 취급받으며 착취당해서는 안 된다는 것이었죠. 자세하게는 누구나 원하는 일을 할 수 있어야 하고, 강제로 노동하지 않아야 하고, 충분한 임금과 휴식을 보장받아야 하고, 차별 없이 동등한 대우를 받아야 하고, 안전하고 건강하게 일할 수 있어야 하며, 무엇보다 자유롭게 의견을 말하고 권리를 지킬 자유가 있어야 한다는 것이었어요.

선언만 한다고 뭐가 달라지냐고요? 맞아요. 선언만으로 당장 노동자의 권리가 지켜지는 것은 아닐 거예요. 함께 약속한 나라마다 이 선언을 잘 지키기 위해 여러 노력을 해야겠지요. 한국은 ILO 협약과 세계인권선언처럼 국제적인 약속뿐 아니라 헌법, 각종 노동법과 제도를 만들어 노동자의 권리를 지키기 위해 노력하고 있어요. 막말과 폭력에 고통받는 노동자, 명절에 임금을 받지 못해 옥상에 올라가 항의

하는 노동자, 노동조합을 만들려다 일터에서 쫓겨난 노동자, 심지어 일하다 죽는 노동자의 뉴스가 하루가 멀다고 나오는 것을 보면 더 큰 노력이 필요한 것 같아요.

법과 제도는 사람들의 생각에 따라 계속 바뀌어 왔어요. 노동자의 관점에서 어떤 권리가 필요한지, 그 권리를 지키기 위해 무엇이 바뀌어야 하는지 찾아보는 노력이 필요하죠. 그렇다면 모든 노동자가 당연하게 누려야 할 권리에는 어떤 것이 있을까요? 한번 노동자의 눈으로 하나하나 살펴볼까요?

왜 노동 시간을 정해 두었을까?

하루 중 내가 원하는 것을 하며 즐길 수 있는 시간이 얼마나 되나요? 다른 사람이 이래라저래라 정해 둔 시간 말고 내 맘대로 쓸 수 있는 시간은요? 학교에 다니는 학생이라면 수업 시간, 쉬는 시간, 점심 시간 등 정해진 일과에 따라 움직여야 할 거예요. 방과 후 수업이나 학원에 가야 한다면 하루 중 정말 내 뜻대로 쓸 수 있는 시간은 얼마나 되는 걸까요?

이런 의문을 품은 어린이와 청소년이 어린이날에 모여 퍼레이드를 한 적이 있어요. 어린이날만큼은 내가 원하는 시간으로 채워 보자고 생각한 거죠. 선물이나 놀이공원에 가는 것보다 나만의 자유 시간을 원하는 어린이와 청소년이 모였어요. 퍼레이드의 이름은 '내 시간을 돌려줘!'였죠.

"지나치게 긴 공부 시간을 줄이고 내 시간을 돌려줘!"
"주말에는 휴식을 달라!"

행진을 하며 외친 문구들이에요. 이외에도 아침 먹고 학교에 갈 수 있게 등교 시간을 늦추고, 휴일과 야간 학습 시간도 없애자고 했어요. 하루 중 가장 많은 시간을 차지하는 학습 시간을 줄여야 놀 시간과 생각할 여유가 생기잖아요. 학습 시간을 확실히 줄이려면 하루 몇 시간 이상 공부하면 안 된다는 법이라도 만들어야 할까요?

어린이 청소년의 학습 시간과 마찬가지로 한국 노동자의 노동 시간도 무척 길어요. 경제협력개발기구*에 속한 나라 중 한국은 노동 시간이 길기로 1, 2위를 놓친 적이 없대요. 슬픈 기록이죠. 하루

> ✱ 경제협력개발기구
> (OECD) 2019년 기준으로 한국을 포함해 36개국이 가입된 국제 기구. 주된 목적은 국가 간 협력해 경제를 함께 발전시키고 인류 복지 증진을 도모하는 것이다.

몇 시간 이상 학습 시간을 강요하면 안 된다는 법은 아직 없지만, 노동 시간을 정한 법은 있어요. 법에 정한 하루 노동 시간은 7시간, 일주일은 35시간이에요. 만 18세가 넘은 사람은 하루 8시간에 일주일 40시간이고요.

이렇게 하루와 일주일의 노동 시간을 정한 이유가 뭘까요? 노동자가 긴 시간 노동에 혹사당하지 않고 건강하게 살도록 하기 위해서예요. 오래전 사람들은 집 주변의 밭을 일구고, 산과 바다에서 먹을 것을 구하며 살았어요. 집과 집 주변이 일터였고 날씨에 따라 일을 못 할 때도 많아서 딱히 출퇴근이라는 것이 따로 없었죠. 그런데 공장이 생기면서 많은 사람이 공장에 출퇴근하는 시간이 생겼어요. 출근과 퇴근 사이 시간이 노동 시간이고요. 출퇴근의 역사가 시작된 거죠.

공장 주인은 비싼 기계를 사 놓고 쉬게 하면 손해라고 생각했어요. 기계를 돌리기 위해 노동자를 밤낮으로 막 부려 먹었죠. 여섯 살 되는 어린 노동자를 14시간씩 일하게 해도 당시에는 아무 문제가 안 되었어요. 고용한 사람들을 어떻게 대하든 그건 공장 주인 마음이라고 생각하던 시기였거든요. 어린 노동자는 긴 시간 일하며 각종 질병에 시달려 제대로 성장하지 못했어요. 병에 걸려 일찍 죽기도 하고요.

어린 노동자의 생명과 건강을 지킬 방법은 공장주가 노동자를 마음대로 부리지 못하게 하는 것이었어요. 법에 하루 노동 시간을 정해 두고 노동자를 보호하기 시작했죠. 이게 1830년대 초 유럽에서의 일이에요. 그때부터 200년 가까이 노력한 끝에 하루 7시간으로 노동 시간이 줄어들게 된 거예요. 오랜 시간 수많은 노동자가 싸워서 찾아온 권리죠. 저절로 줄어든 것이 아니고요.

그런데 법으로 정했는데도 노동 시간이 지켜지지 않는 때가 있어요. 극단적으로 악덕 사장이 법을 지키지 않거나 법의 허술한 부분을 교묘하게 빠져나가는 경우도 있지만, 근본적인 이유는 따로 있어요. 일의 양은 줄이지 않고 노동 시간만 줄이는 것이죠. 정해진 시간 내에 끝낼 수 없는 양의 일을 시킨다면 노동자는 야근을 하거나, 주어진 업무량을 채우려 무리하게 될 거예요. 특히 임금에 의존해 살아가는 노동자라면 더욱 그렇겠죠. 노동자의 건강과 인간다운 삶을 위해 만든 법이 진짜 효력을 발휘하려면 법을 지킬 수 있는 환경을 만드는 게 중요해요.

긴 노동 시간을 줄이면 어떤 변화가 생길까요? 서로 바빠 얼굴을 마주하기 어려웠던 친구, 가족, 이웃과 보내는 시간이 많아질 거예요. 나 자신과 주변을 돌아볼 여유도 생기겠죠? 여유를 찾으면 내가 누구인지, 나는 어떤 삶을 살고 싶은지, 내 가족은 어떨 때 즐거움을 느끼는지, 이웃은 어떤 일을 겪으며 살고 있는지 등 서로를 돌보는 일에 더 힘쓸 수 있을 거예요.

쉬는 시간 10분은 충분할까?

수업과 수업 사이를 쉬는 시간이라 하죠. 여러분은 쉬는 시간에 주로 뭘 하세요? 운동장에 나가 친구와 놀거나, 다음 수업 시간을 준비하느라 바쁠 수도 있겠어요. 화장실에 다녀오기도 하겠죠? 선생님이나 친구들과 궁금한 이야기를 주고받기도 하고요. 쉬는 시간에 이 많은 일을 다 하기는 어려워요. 그래서 쉬는 시간은 늘 아쉽죠. 과연 얼마나 쉬고 어떻게 쉬어야 충분할까요?

노동자는 일하는 중간에 누구의 간섭도 없이 쉴 권리가 있어요. 법에는 하루에 4시간 일하면 30분 이상, 8시간 일하면 1시간 이상 쉬어야 한다고 정하고 있어요. 그런데 쉬는 시간이 있다고 잘 쉴 수 있는 건 아닌 것 같아요. 달콤하게 쉬고 있는데 심부름을 시킨다면, 쉴 공간이 마땅치 않아 불편한 자세로 시간을 보낸다면, 쉬고 싶지 않은데 쉬라고 한다면 잘 쉰다고 하기 어렵겠죠. 잘 쉬려면 시간이 얼마인지 못지않게 어떻게 쉬느냐가 중요한 것 같아요.

요즘은 식당 앞에 '3시~5시 브레이크 타임'이라고 적어 놓은 것을 흔하게 볼 수 있어요. 점심과 저녁 사이에 문을 닫고 쉬는 시간이죠. 손님을 받지 않아야 쉴 수 있기 때문이에요. 손님이 한 명 두 명 들어오면 밥 먹다가도 일어나 일하게 돼요. 잘 쉬기 위해서는 일하는 도중에 눈치 보지 않고 쉴 수 있는 시간이 확보되어야 해요. 어떤 공간에서 쉬는지도 중요하죠. 브레이크 타임을 운영하는 식당에서 노동자가 의자를 붙여 놓고 불편하게 누워 있는 모습을 본 적이 있어요. 건물 후미진 곳 바닥에 걸터앉아 쉬기도 하고요. 심지어 화장실 한 칸이 휴식 공간인 경우도 있어요. 일하는 사람 수에 맞게 쉴 수 있는 공간이 없어서 화장실에까지 가게 된 거예요. 퀴퀴한 냄새가 나고 발도 뻗을 수 없는 공간에서 제대로 쉬기는 당연히 어렵겠죠. 만약 일하는 사람은 30명인데, 휴식 공간이 한 평 남짓한 공간뿐이라면 쉬는 걸 포기하게 될 거예요.

모든 노동자는 방해받지 않고 쉴 수 있는 휴식 공간이 필요해요. 더불어 퀵서비스 기사나 대리운전 기사, 정수기

관리사, 학습지 교사 등 한 장소에 머물러 일하는 노동자가 아니라면 이동하는 곳곳에 쉼터가 있어야 할 거예요.

휴식 시간과 공간이 있다면 눈치 보지 않고 당당하게 쉴 수 있어야 해요. 일하는 사람의 당연한 권리니까요. 쉴 때마다 '저 쉬어도 돼요?' 물으며 허락을 구할 필요 없어요. 노동 시간을 줄이기 위해 싸워 온 역사는 쉬는 시간을 만들어 온 역사이기도 해요. 일하는 중간중간 쉬는 시간을 갖고, 일주일에 하루 이상은 쉬고, 한 달 일하면 하루 이상의 휴가를 보내고, 일 년을 쭉 일했다면 15일이 넘는 휴가를 누리는 것은 노동자에게 당연한 최소한의 권리예요.

학생은 한 학기를 다니는 동안 꿀맛 같은 방학을 기대하잖아요. 만약 1학년부터 6학년까지, 혹은 중학교 1학년부터 3학년까지 하루도 빠짐없이 학교에 가야 한다면 어떨까요? 수영장에 갈 수 있는 여름방학도, 눈썰매 탈 수 있는 겨울방학도 없는 거죠. 노동자에게는 실제로 이런 방학이 없어요. 그런데 법에 보장된 휴식 시간과 휴일, 휴가마저 눈치 보며 쉬어야 한다면 어떨까요?

흔히 사람은 기계가 아니니까 쉬어가며 일해야 한다고 말해요. 일을 잘하는 방법을 찾아내기 위해 고민하는 것만큼 어떻게 해야 잘 놀고 잘 쉴 수 있는지 생각해 보면 좋겠어요. 일하는 동안 조금의 틈도 없이 움직여야 한다면 기계와 사람이 다른 게 뭘까요? 쉬는 시간은 쓸데없는 시간이 아니에요. 사람을 사람답게 하는 시간이죠. 그래서일까요? 법에 정해 놓지 않았지만, 노동자가 충분히 쉴 수 있는 방법을 연구하고 실험하는 곳도 많아요.

예를 들어 해마다 3주간 무조건 휴가를 가야 하는 광고 회사가 있고, 5년을 쭉 일하면 3개월 동안 쉴 수 있는 통신회사가 있어요. 6년 동안 일하면 1년 동안 쉬면서 원하는 대로 지낼 수 있는 시민사회단체도 있고요. 보통 안식 휴가나 안식년이라고 불러요. 일정 기간 쭉 일해야 한다는 조건이 있긴 하지만, 월급을 받으며 쉴 수 있다니 매력적이죠? 일터에서 빠져나와 쉬면서 나와 나의 일, 회사와의 관계 등 주변을 돌아보는 기회를 얻고 에너지를 충전하다 보면 살 만한 사회라는 생각이 저절로 들 것 같아요. 돌아와서 더 좋은 기운으로 일을 할 수도 있고요. 아직은 일부 노동자에게만 해당하는 얘기지만 더 많은 노동자가 사람답게 휴식하는 세상이 온다면 모두가 더 행복한 삶을 살 수 있을 거예요.

정당한 임금의 조건은 무엇일까?

친구와 맛있는 떡볶이를 사 먹을 때, 게임 아이템을 살 때, 누군가에게 선물하고 싶을 때 등 돈이 필요할 때가 참 많아요. 돈을 얻기 위해 아르바이트를 하거나 심부름을 하기도 하죠. 잘 안 쓰는 물건을 벼룩시장에 내다 팔아 마련하기도 하고요. 물론 오랜만에 만난 친척이나 아는 사람을 통해 아무 조건 없이 용돈을 받는 때도 있어요. 한 달 혹은 일주일에 한 번씩 함께 사는 사람들에게 용돈을 받기도 하고요. 여러분의 돈은 어디에서 오나요?

대부분 사람은 자신이나 가족의 생활을 유지하기 위해 일을 해요. 일하는 사람이 받는 돈은 임금이라 하고요. 임금은 노동자에게 매우 중요한 돈이에요. 보통 매달 월급날을 정해 받죠. 여러분이 용돈 받는 날을 기다리는 것처럼 노동자는 월급날을 기다려요. 그런데 기다리던 월급날 돈이 들어오지 않는다면 어떨까요? 계획한 일이 어그러지고, 당장 필요한 돈을 마련하기 위해 저축을 깨거나 누군가에게 빌려야 할 거예요. 생활에 어려움이 생기죠. 못 받는 기간이 길어지면 길어질수록 고통스러운 하루하루를 보내게 될 거예요. 일하는 사람이 안정적으로 생활을 꾸려가기 위해서는 사장이 월급을 주기로 한 날 꼬박꼬박 줘야 해요. 임금을 미루지 않고 정해진 날에 주는 것은 다른 사람에게 일을 시키고 이득을 얻는 사람이 꼭 지켜야 할 중요한 원칙이에요. 법으로도 정해 두었을 만큼요.

제때 주는 것만큼 중요한 또 다른 원칙은 월급을 한꺼번에 다 주는 거예요. 월급을 찔끔찔끔 밀려서 주면 결국 제대로 된 월급은 못 받는 결과가 되겠죠. 한 달 단위로 받을 걸 생각하고 미리 계획을 세운 노동자 처지에서 생각해 보세요. 여러 번 나눠 받는 건 사실상 밀려 받는 것이나 마찬가지일 거예요. 사장에게 그럴만한 사정이 있다면 그럴 때마다 미리 노동자에게 알리고 동의를 얻어야 해요. 사장 맘대로 주고 싶을 때, 주고 싶은 만큼 급여를 지급하는 것은 함께 일하는 노동자를 무시하는 행동이에요. 일터에서 매일 얼굴 보는 사람이 나를 존중하지 않거나 약속을 수시로 깨 버린다면 함께 일하고 싶은 마음도 사라지겠죠?

세 번째 원칙은 쓸 수 있는 돈으로 줘야 한다는 거예요. 피자나 아이스크림, 문화상품권, 게임 아이템으로 월급을 대신 줄 수 없어요. 마지막으로 일한 사람에게 직접 줘야 해요. 나이가 어리니 보호자 통장으로 준다는 건 있을 수 없는 일이에요. 내가 일했다면 임금도 내가 받는 게 당연하죠.

임금은 하는 일에 따라 다르기도 하고, 하는 일은 같아도 어떤 기업에서 일하느냐에 따라 다르기도 해요. 만일 생활이 안 될 정도로 낮은 임금을 받는다면 네 가지 원칙이 큰 의미가 있을까요? 네 가지 원칙은 기본이고, 인간다운 생활이 가능한 수준의 임금을 받는 게 무엇보다 중요해요.

인간다운 생활을 위해서는 적정한 임금을 보장해야 해요. 헌법에도 나와 있는 중요한 권리지요. 한국은 1988년 최저임금 제도를 마련했어요. 사장 마음대로 주는 게 아니라 나라에서 최저임금을 정해 이 정도 이상은 줘야 한다고 못 박은 거죠. 최저임금은 해마다 다르게 정해요. 달걀이나 아이스크림 가격은 계속 오르는데 노동자의 임금만 제자리면 안 되니까요. 해마다 물가가 얼마나 올랐는지, 사람들이 필요한 물품을 사려면 어느 정도 돈이 필요한지, 노동자는 평균적으로 얼마만큼의 임금을 받고 있는지 등을 따져서 정해야 해요. 그런데 아쉽게도 한국 최저임금은 이런 것들을 충분히 고려하지 못하는 것 같아요. 최저임금을 올리는 이유는 사람들이 적절한 임금을 받도록 하기 위해서인데, 일하는 시간을 줄여 버리고 임금을 그대로 유지하기도 하거든요. 해야 하는 일의 양은 그대로인데, 노동 시간만 줄어드는 거예요. 같은 양의 일을 더 적은 시간 안에 하

고, 임금은 시간에 따라 받는다면 임금은 그대로인 게 아니라 오히려 깎이는 격이 돼요. 뿐만 아니라 일하는 기간이 1년, 2년 길어질수록 업무에 능숙해지는 노동자의 임금을 올려 줘야 마땅한데, 오르기는커녕 줄어드는 격이라면 더더욱 문제겠죠.

최저임금은 말 그대로 절대 그 밑으로 내려가서는 안 되는 임금의 기준점을 정한 거예요. 그런데 이를 이 정도만 주면 된다고 오해하는 사람이 종종 있어요. 최저임금이 곧 최고임금이 되어 버리는 거죠. 노동자가 일하지 않으면 일터가 멈추고 기업도 이익을 낼 수 없어요. 아무리 크고 좋은 시설도 노동자가 없으면 고물이나 마찬가지죠. 우리 사회가 인간다운 삶이 유지되는 공동체가 되려면 일하는 사람에게 충분한 임금이 보장되어야 해요. 죽지 않을 만큼의 최저 수준이 아니라 인간답게 살 수 있는 수준 말이에요.

똑같이 일을 해봤자 어차피 100 대 64~ ♫

세 시부턴 무임금이다, 그대로 멈춰라! ♫

2017년 3월 8일, 여성의 날을 기념하기 위해 모인 광장에서 울려 퍼진 노랫말이에요. 광장에 모인 사람들은 "여성들은 하던 일을 멈추고 오후 3시에 조기 퇴근하자!"라고 외쳤어요. 왜 이렇게 외친 걸까요? 여성 노동자의 임금이 남성 노동자에 비해 적은 현실을 바꾸기 위해서예요.

한국은 여성과 남성이 받는 임금의 차이가 36.6%로 OECD 가입 국가 중 1등이래요. 남성이 100만 원을 받으면 여성은 64만 원을 받으니 36만 원이나 차이가 나는 셈이죠. OECD 평균 격차 15.3%와 비교하면 2배가 넘는 차이예요. 36만 원을 덜 받으며 일하고 있으니 시간으로 환산하면 여성 노동자는 3시 이후 공짜로 일하는 셈이죠. 그러니 3월 8일 여성의 날 하루라도 오후 3시 이후 공짜 노동을 멈추자는 제안을 한 거예요.

성별 임금 격차는 20대보다 30대, 40대로 갈수록 커진대요. 결혼, 출산, 임신 과정에서 여성이 일을 쉬는 경우가 많은데, 쉬는 동안 경력이 끊기는 일이 많기 때문이에요. 이를 '경력 단절'이라고 부르죠. 남성과 여성이 함께

육아를 담당하는 비율이 늘고 있다고는 하지만 남성 육아휴직은 전체 육아
휴직자의 21% 수준(고용노동부, 2019년)에 머물러 있어요. 여성이 경력 단절
을 겪고 다시 일을 구할 땐 임금이 낮은 비정규직 일자리 외에 기회가 거의
없는 것도 임금 격차의 큰 원인이죠.

　결혼과 출산은 부모가 함께하는 일인데, 어느 한쪽만 경력의 걸림돌이 된
다면 무언가 잘못된 것이겠죠? 임신과 출산 과정을 거치고 일터로 돌아왔
을 때도 여성이 원래 하던 일을 계속할 수 있다면 임금 차이를 줄일 수 있을
거예요. 최근에는 영화, 드라마 등에서도 여성들이 겪는 경력 단절에 관한
이야기를 많이 다루고 있어요. 노동자들이 겪는 현실에 더 많은 이들이 관
심을 가질수록 여성과 남성 노동자가 평등한 일터에서 일하는 날은 빨라질
거예요.

5장

건강하고 안전한 일터, 어떻게 만들까요?

노동자에게 가장 필요한 것은 무엇일까?

　늦은 밤, 지쳐 있는 학생에게 홍삼을 건네고, 홍삼 먹은 학생은 다시 가방 들고 학원으로 들어가는 광고를 본 적 있어요. 광고를 보면 공부로 쌓인 피로가 홍삼으로 당장 없어질 것처럼 보이지요. 그런데 피로는 홍삼 한 봉지로 다 날아갈 수 있는 게 아니에요. 사실 홍삼보다 더 필요한 건 학생을 둘러싼 환경이 바뀌는 거겠죠.

　그렇다면 노동자의 경우는 어떨까요? 일을 하는 노동자도 지치고 힘들 때가 있을 텐데 말이에요. 노동자에게 무엇이 필요한지 알아야 노동자의 건강을 살피고 안전하게 일할 수 있는 일터를 만들 수 있을 거예요. 무엇이 문제인지는 아는 만큼 보이는 법이니까요. 한번 노동자의 일터를 들여다볼까요?

　대기업의 스마트폰 부품을 만드는 노동자가 어느 날 자

다가 눈을 떴는데 주위가 온통 까맣더래요. 어두워서 그러려니 생각하고 다시 잠을 자다 아침에 눈을 떴는데 주위가 계속 까맣게 보였죠. 부랴부랴 병원에 갔지만, 시력을 잃어가고 있다는 청천벽력 같은 소리를 들었어요. 알고 보니 스마트폰 부품을 깨끗하게 하려고 사용한 메탄올에 서서히 중독되어 생긴 일이었어요.

일하기 전, 이 노동자에게 이러한 사실을 알려 준 사람은 아무도 없었어요. 메탄올로부터 자신을 보호할 특수 안경이나 마스크가 필요하다는 사실도 들은 적이 없었죠. 눈이 먼다는 사실을 미리 알았더라도 무방비로 일했을까요? 사람의 눈을 멀게도 할 수 있는 메탄올을 사용한 이유가 좀 더 안전한 에탄올보다 저렴했기 때문이라는 것도 나중에 알려졌어요. 돈을 아끼기 위해 노동자를 위험에 빠트린 일이라 많은 사람이 분노했죠. 위험하다는 사실을 알면서도 돈을 더 벌기 위해 쉬쉬하며 노동자들의 안전을 위협했으니까요. 사람의 안전과 건강보다 앞서는 것은 없는데 말이죠.

회사를 운영하는 사람은 안전한 환경을 위해 지켜야 할 것들이 있는데 노동자에게 어떤 화학물질과 도구, 기계를 사용하는지 미리 알려 줘야 하는 것도 그중 하나예요. 과

자봉지에 성분표시를 하는 것처럼요. 과자를 어떤 재료로 만들었는지, 먹으면 어떤 영양성분을 섭취하게 되는지, 알레르기를 일으킬 성분은 뭐가 있는지 미리 알려 주면 과자를 고를 때 도움이 되잖아요. 이처럼 일하기 전에도 정보를 주고 혹시 일어날 수 있는 위험한 상황을 대비할 안전 장비도 줘야 해요. 배를 탈 때 구명조끼가 필요하고, 자전거를 탈 때 헬멧을 써야 하는 것처럼요. 미리 안전시설을 갖추었어도 꾸준히 점검하고 관리하면서 사고와 질병을 예방해야 해요. 일을 하다 실수를 했을 때조차 위험하지 않을 정도로 철저히 대비해야 하죠. 사람은 누구나 실수할 수 있으니까요.

만일 병을 얻거나 사고가 나 다친다면 아무리 치료를 잘해도 그 이전의 상태로 돌아가긴 힘들어요. 그렇기 때문에 사고가 일어나기 전에 방지하는 게 중요하죠. 혹시 사고가 발생했더라도 피해를 줄일 수 있게 미리미리 위험에 대비하는 연습도 해야 하고요. 평소에 연습을 반복해서 몸에 익혀야 위험한 일이 생겼을 때 당황하지 않고 침착하게 대처할 수 있어요. 생존 수영을 평소에 배우고 익히는 일처럼 일터에서 벌어질 위험한 상황을 예상해 연습하는 것이 무척 중요해요.

그런데 위험한 일이 벌어졌을 때 일을 멈추고 자리를 떠났다고 불이익을 받으면 어떻게 될까요? 그간 익혔던 대피 방법이나 연습이 다 헛수고가 되겠죠? 불이익을 받는다고 생각하면 위험한 일이 일어나도 망설이게 되어 피하기 어려워요. 피해도 괜찮다고 안심이 되어야 하죠. 또, 같은 일이 반복되지 않도록 일터를 다시 살펴야 하고요.

일터가 노동자의 안전을 위협하는 곳이어서는 안 돼요. 비용을 아끼기 위해, 업무의 효율을 높이기 위해 노동자의 안전을 포기해선 안 되겠죠. 노동자는 언제든 대체할 수 있는 상품이 아니라 고귀한 생명이니까요.

평화로운 일터는 어떻게 만들 수 있을까?

평화로운 세상은 어떤 모습일까요? 전쟁과 테러 없는 세상, 가난과 질병으로 고통 없는 세상, 약자를 차별하지 않는 세상, 미세먼지 없이 쾌적한 환경에서 보낼 수 있는 세상 등이 떠오르네요. 그렇다면 여러분이 원하는 평화로운 일상은 어떤 모습인가요? 원하지 않는 학원에 가서 시달리지 않는 것, 학교 성적에 따라 차별 대우를 받지 않는 것,

외모에 대해 평가받지 않고 개성을 마음껏 뽐내는 것 등 많은 것들이 있을 거예요.

그런데 만일 평화롭지 못한 일상이 반복된다면 어떨 것 같나요? 가령 매일 출근하는 일터에 나를 함부로 대하는 사람만 있다면 말이에요. 온몸이 긴장되어 무엇도 마음 편히 할 수 없겠죠. 말도 꺼내기 무섭고 눈에 띄지 않기만 바랄 수도 있어요. 옳다고 생각하는 것도 말하기 어려워질 거예요. 폭력적인 사람, 폭력적인 상황에 점점 익숙해진다면 숨 막히는 일상이 계속 반복될지 몰라요.

일터에서 일어나는 폭력은 권력관계에서 일어나는 경우가 많아요. 때리는 것만 폭력이 아니에요. 어처구니없는 이유로 직원을 괴롭히거나 직급이 높다는 이유로 직원에게 막말하는 것도 폭력이죠. 직급이 낮다고 손님이 오면 일하다 말고 커피를 타오라거나 개인적인 심부름을 시키는 일도 있어요.

또 여성에게만 외모 가꾸기를 강요하는 것도 부당한 처사예요. 체육행사에서 신입사원에게 분위기를 띄우는 노래와 춤을 강요하는 것, 모두 참석하는 회식 자리에 쏙 빼놓거나 중요한 일을 주지 않는 것, 감당하기 어려운 일을 주는 것, 문제를 제기하는 사람을 피곤하게 여기거나 따돌리는 것, '손님이 왕'이라며 막무가내로 무리한 요구를 하는 것 등이 일터의 평화를 깨는 일들이라 할 수 있어요.

월급을 주는 사장이라 해서, 값을 지급하고 물건을 사는 고객이라 해서, 승진 점수를 매기는 상사라 해서, 먼저 입사한 사람이라 해서 남의 인격을 함부로 대해선 안 되겠죠. 지위가 높건 낮건 일터에서 벌어지는 폭력에는 단호하게 맞서야 해요. 평화를 깨는 폭력적인 일상을 한 사람이 홀로 해결하기는 어렵지만, 그런 환경이 만들어진 이유를 함께 고민하고 행동하면 고쳐 나갈 수 있어요. 그렇다면 모두가 존중받으며 일하는 일터는 어떤 모습일까요?

마트의 계산 노동자가 겪는 스트레스 중 하나는 고객들의 폭행과 폭언이에요. 영국의 한 대형 마트에서도 이를 고민했어요. 고객이 계산 노동자를 무시하는 태도에서 비롯된 사건이라고 판단한 마트는 아주 작은 변화를 시도했어요. 노동자가 계산대 앞에 앉아서 일을 할 수 있도록 의자를 제공한 거예요. 그랬더니 결과가 어땠을까요? 놀랍게도 계산 노동자에 대한 폭행과 폭언이 줄어들었다고 해요. 노동자를 무시하고 함부로 대하던 고객의 태도가 변한 것이죠. 서서 일하다가 앉아서 일하게 되었을 뿐인데 이런 변화가 생겼다니 놀랍죠? 의자는 건강을 지키기 위해 앉아 쉴

수 있는 도구이기도 하지만, 때에 따라 그 일을 하는 노동자를 존중하는 마음을 표현하는 도구가 되기도 해요. 의사가 앉아서 진료하는 게 당연한 것처럼 계산 노동자도 앉아서 일할 수 있다는 생각을 심어 준 것이죠.

한국의 마트에서도 온종일 서서 일하는 노동자를 위해 의자 놓기 캠페인을 한 적이 있어요. 여성이 대부분인 마트의 계산 노동자를 존중하는 마음을 표현하고 서서 일하는 서비스 노동자의 건강을 지키기 위해서였어요. 그런데 의자가 놓였는데도 계산 노동자들이 불편하다고 쓰지 않는 경우가 많았어요. 알고 보니 의자를 놓긴 놨는데 등받이가 없는 의자라 앉아 있기가 불편했대요. 물건을 놓는 곳에 비해 의자가 낮아서 앉아 계산할 수도 없었고요. 또, 좁은 계산 공간은 그대로 두고 앉기에 불편한 의자만 덜렁 놓으니 오히려 걸리적거려서 옆에 치워 놓은 경우도 있었어요. 의자를 놓는 흉내만 냈기 때문이죠. 생색내기식으로 의자만 덜렁 놓은 걸 본 노동자의 마음은 어땠을까요? 천덕꾸러기 의자를 볼 때마다 더 상처받지는 않았을까요? 의자를 두는 것보다 중요한 건 우리 마음에 노동자를 존중하는 마음이 있는지 없는지를 확인하는 거예요. 평화로운 일터를 만드는 건 서로를 존중하는 마음이니까요.

왜 급식 대신 빵이 나왔을까?

가정통신문

댁내에 건강과 평안이 가득하길 기원합니다.

전국학교비정규직연대회의에서 20XX년 X월 X일 파업을 예고하였고, 20XX년 X월 X일자로 파업에 돌입하게 되었습니다. 이에 급식 운영에 차질이 발생하여 며칠 동안 급식 대신 빵을 제공할 예정임을 알려드립니다.

우리가 잠시 불편해질 수도 있지만 '불편'이라고 생각하기보다는, 함께 살고 있는 누군가의 권리를 지키는 일이고 그것이 결국 '우리'를 위한 일임을 생각해 보는 계기가 되었으면 합니다.

학부모님들의 양해와 협조 부탁드립니다.

20XX년 X월 X일

을파소초등학교장

어떤 초등학교에서 이런 가정통신문을 보냈대요. 가정통신문을 읽어보니 급식 조리 노동자가 파업*에 참여하기 때문이라고 하는데, 파업이 뭐기에 급식 시간에 빵을 먹어야 되는 걸까요?

★ **파업** 노동 환경을 개선하는 등 어떤 목적을 달성하기 위해 노동자들이 함께 하던 일을 멈추는 것.

★ **근로기준법** 노동자의 인간다운 생활을 보장하기 위해 노동조건의 최저 기준을 헌법을 토대로 만든 법률.

한국의 헌법에는 노동자가 누려야 할 권리를 보장하는 법을 만들어야 한다고 정해져 있어요. 이 헌법에 따라 근로기준법★과 최저임금법처럼 적정한 노동 시간과 휴식 시간, 충분한 소득을 보장하는 법률을 만들었죠. 또 노동자들끼리 더 나은 노동조건을 만들 수 있도록 모이고, 행동하는 걸 보장하는 법률도 있어요. 이런 법을 만들 때는 노동자의 존엄성을 가장 우선시 생각해야 한다고도 정해 두었어요.

이렇게 법에 보장된 권리를 지키기 위해 노동자 스스로 모여 만든 단체를 '노동조합'이라고 해요. 학교에 학생회가 있는 것과 비슷하죠. 학생회는 학생만 가입할 수 있고, 학생이 원하는 학교를 만들기 위해 학생끼리 모여 회의를 열잖아요. 학교운영위원회에 참여해 교사, 학부모와 함께 중요한 결정을 하기도 하고요. 학생들의 의견이 받아들여지지 않을 땐 함께 집회를 열기도 해요. 마찬가지로 노동조합은 회사와 협상을 하고 협상이 잘 안 될 땐 단체행동을 할 수 있어요. 단체행동에는 리본 달기, 피케팅, 천천히 일하기 등 여러 가지 방법이 있는데 이것저것 해 보고도 안 될 때 가장 마지막에 택하는 방법이 파업이에요. 하던 일을 모두 멈추는 것이지요.

급식 조리를 담당하는 노동자가 파업한 이유도 더 나은 노동조건을 만들기 위해서예요. 미끄러운 바닥과 푹푹 찌는 급식실에서 조리하다 보면 화상을 입거나 넘어져 다치는 일이 많아요. 정해진 시간 안에 많은 음식을 한꺼번에 만들어야 해서 쌀 포대와 감자 상자, 고깃덩어리 등 무거운 식자재를 수시로 날라야 하고요. 많은 양의 채소와 고기를 썰다 보면 손목이 시큰거리지만 아파도 대신 일할 사람이 없으면 쉴 수가 없겠죠. 무엇보다 큰 문제는 아무리 오래 일해도 임금이 오르지 않는 것과 휴가와 수당 등 복지제도가 부족한 거예요. 이러한 문제들을 개선해 달라고 파업을 통해 요구하는 것이죠.

그래도 다른 방법이 있을 텐데 파업하면 너무 많은 사람이 불편하다고요? 불편하지 않게 할 수 있는 파업은 아마 없을 거예요. 늘 옆에 있던 사람이 사라지면 빈자리가 크게 느껴지는 것처럼, 파업도 노동자가 자리를 비움으로써 그곳에 노동자가 있다는 것을 알리는 일이거든요. 자리를 비웠을 때 비로소 그 노동자가 보이고, 노동의 소중함을 알게 되죠. 무슨 이유로 파업을 했는지 관심을 두게 되기도 하고요. 파업은 우리 목소리에 귀 기울여 달라고 호소

하는 노동자의 간절한 외침이에요. 큰 힘을 가진 기업이나 사장을 상대로 이 방법, 저 방법으로 맞서 보다가 마지막이라는 생각으로 한 번 더 힘을 내는 행동이니까요. 당사자가 아닌 이들에게 파업은 불편한 일이지만, 노동자가 함께 모여 목소리를 내기까지는 과정이 쉽지 않았어요. 노동자가 단체로 행동하는 것을 곱지 않게 보던 사람들이 오래 전부터 있었거든요. 많은 사람의 희생과 노력으로 단체행동권은 노동자에게 꼭 보장되어야 할 권리가 되었어요. 오랜 시간 지켜 온 양보할 수 없는 소중한 권리죠.

하지만 어떤 사람들은 버스나 지하철이 파업을 하면 이유를 궁금해하기보다 시민의 불편을 먼저 얘기하고, 청소 노동자가 파업하면 거리가 지저분해지는 데에만 관심을 두기도 해요. 사람들의 시선이 곱지 않다면 파업이 노동자의 당연한 권리임에도 노동자의 입장에서는 눈치가 보이겠죠. 그래서인지 한국의 노동자 중 노동조합에 가입한 사람은 10명 중 1명 정도라고 해요. 10%라는 매우 적은 수치이죠. 이런 식이면 헌법에는 쓰여 있지만, 파업할 권리가 잘 지켜지고 있다고 할 수 없어요.

변화는 우리의 인식에서부터 시작되어야 해요. 지난 몇 년 사이 급식 조리 노동자의 파업을 지지하는 학교가 늘어나고, 사회의 여러 파업에 대해 찾아보고 응원하는 시민들과 학생들이 많아지는 등 반가운 변화가 생겼어요. 왜 노동자들이 파업을 하는지, 무엇이 문제인지 관심을 가져 보면 내가 매일 당연하게 받아든 급식판이 달라 보이고, 급식에 숨어 있는 노동에 대해서도 많은 생각을 하게 될 거예요. 급식 조리 노동자의 일터는 내가 먹을 밥을 책임지는 곳이기도 해요. 내가 맛있는 밥을 먹을 권리는 그 밥을 만드는 노동자의 권리를 지킬 때 함께 지켜질 수 있어요.

굴뚝 위로 올라간 사람과
굴뚝 아래 모인 사람들

까마득한 하늘을 향해 오르는 사람들이 있어요. 공장의 굴뚝, 높은 철탑, 광화문 광장 앞 광고판 위까지 사람들 눈에 띄는 높은 곳에 말이죠. 이들은 이곳에 올라가 시위를 하는 거예요. 흔히 '고공 농성'이라고 하죠. 왜 올려다보기만 해도 아찔한 곳에 올라가 시위를 하는 걸까요?

한국에서 처음 고공 농성을 한 사람은 강주룡이라는 여성 노동자로 알려져 있어요. 1931년 평양의 한 고무공장에

130

서 일하던 강주룡은 공장에서 임금을 줄이겠다고 하자 이에 항의하며 을밀대라는 정자 지붕에 올라갔어요. 평양의 명소였던 을밀대에 어떤 여성이 올라가 있으니 정말 눈에 띄었겠지요? 일터에서 겪은 부당한 일을 소리 높여 알리고 항의하기 위해 사람들이 많이 봐 줄 곳을 찾은 거예요.

지금도 한국에는 일터의 변화와 노동자의 권리를 위해 모이고 싸우는 곳이 많아요. 일터에서 벌어지는 괴롭힘을 멈추기 위해, 임금 차별과 비정규직 차별을 멈추기 위해, 성차별과 나이 차별을 멈추기 위해 등등 그 이유도 다양하죠. 그리고 이 싸움을 때로는 광장에서, 때로는 송전탑 위에서 이어가기도 해요. 태풍과 비바람이 불어도, 온 세상이 폭설로 뒤덮여도, 찜통더위가 기승을 부려도 굴뚝 위에서 싸우는 노동자들과 힘을 더하기 위해 굴뚝 아래로 달려가는 사람들이 있죠.

2009년에 엄청난 규모의 부당 해고* 사건이 있었어요. 회사 사정이 나빠졌다며 평택의 한 자동차 공장에서 갑자기 2,646명이나 되는 노동자를 해고한 것이죠. 사정이 안 좋아졌다고 하지만 한꺼번에 많은 노동자를 내쫓는 건 상식을 벗어난 일이었어요. 회사는 노동자를 해고하기 전에 회

★ **부당 해고** 절차를 따르지 않고 정당한 이유 없이 노동자를 해고하는 것.

사의 어려운 사정을 노동자에게 알리고 다른 방법을 충분히 찾아봐야 해요. 또 해고를 피할 수 없는 상황이라면 노동자가 다른 일자리를 알아볼 수 있도록 충분한 시간을 줘야 하죠. 갑작스럽게 일자리를 잃게 된 노동자가 충격을 이겨내도록 돕는 지원도 필요하고요. 이런 준비 없이 하루아침에 노동자를 내쫓는다면 회사가 책임을 다했다고 할 수 없어요.

엄청난 수의 노동자가 해고 통보를 받고 나니 노동자의 가족과 회사 동료, 이웃 등 온 마을 사람들이 모두 고통스러운 상황에 처했어요. 회사는 책임을 피하며 계속 노동자를 내보내려고만 했고, 반대로 노동자들은 나갈 수 없다고 버텼죠. 결국 회사는 77일 동안 회사 안에서 버티며 싸운 사람들을 고소해 버리고, 공장이 멈춰 자동차를 못 만들었으니 47억이 넘는 돈을 물어내라고까지 했어요. 회사가 노동자 개인에게 어마어마한 돈을 청구하고 시간을 끄는 사이, 일터를 잃은 노동자들이 세상을 떠나는 아픔도 겪었어요. 10년이 지나 해고당했던 노동자들의 복직이 결정되었지만, 아직 사건은 끝나지 않았고 노동자들은 오랜 싸움으로 많은 걸 잃은 후였죠.

노동자 한 사람이 큰 기업을 상대로 이런 싸움을 하는 건

정말 보통 일이 아니에요. 해고된 공장 노동자들은 공장 굴뚝 위에 올라가 내려오지 않을 정도로 필사적이었죠. 그러다 어떤 시민이 그들을 도울 방법을 찾았어요. 회사가 노동자에게 청구한 47억을 함께 갚자며 47,000원을 한 시사주간지에 보낸 것이죠. 한 시민이 마음을 보태기 시작하자 점점 많은 시민이 동참하면서 '노란 봉투' 캠페인*이 시작되었어요. 유명 연예인도 동참하면서 캠페인은 더 많은 사람에게 알려졌고 큰 돈을 모을 수 있었어요.

★ **캠페인** 어떤 사회적이거나 정치적인 목적을 위해 사람들이 지속적으로 모여 주장을 펼치고 알리는 운동.

그런데 모인 건 돈뿐만이 아니었어요. 이 캠페인이 진행되는 동안 노동자의 인권에 대해 생각하는 사람들의 마음도 함께 모였거든요. '노동자에게 해고는 살인 행위'가 될 수 있는 현실에 공감하는 인식이 생긴 거죠. 오랜 시간 싸움이 이어지면서 노동자와 그 가족, 그리고 함께 아픔을 나누는 마을 사람들이 모여 마음껏 울고 이야기를 나누고 힘을 낼 수 있는 공간도 마련했어요.

'노란 봉투'의 사례 외에도 노동자의 인권을 위해 함께 싸우는 사람이 우리 사회에 많아요. 일터에서 쫓겨난 노동자를 위한 '손잡고' 운동부터 마트에서 서서 일하는 노동자의 건강과 노동자를 존중하는 마음을 담아 의자를 놓자는 캠페인, 청소 노동자의 따뜻한 밥 한 끼를 위해 휴식 공간을 설치하고 식사 공간을 마련하자는 캠페인, 높은 곳에 올라가 외롭게 싸우는 노동자를 응원하기 위해 달려가는 '희망버스'도 있죠.

당장 내가 겪는 일, 내 일터에서 벌어지는 일도 아닌데 사람들이 이렇게 힘을 보태는 이유가 뭘까요? 가장 먼저 47,000원을 보낸 시민은 성금을 보낸 이유를 기자에게 이렇게 설명했다고 해요.

"해고 노동자에게 47억 원을 손해 배상하라는 이 나라에서 셋째를 낳을 생각을 하니 갑갑해서, 작지만 제가 할 수 있는 일을 시작하고 싶어서입니다."

출처 | 시사IN 기사, 〈우리가 만드는 기적 47,000원〉

이 시민은 함께 사는 사회에서 노동자가 겪는 일이 남이 겪는 일이 아니라 나와 내 가족의 일이라고 생각한 것 같아요. 그 마음은 내 친구, 내 이웃이 아픔을 겪을 때 내가 옆에서 느끼는 마음과 비슷하지 않을까요? 똑같은 무게의 아픔을 겪는다고 말할 수는 없겠지만 함께 그 아픔을 나누기 위해 애쓰고, 고통을 덜어 주기 위해 내가 할 수 있는 일을 찾게 되니까요. 위태로운 굴뚝 위로 올라가는 사람들을 혼자 두지 않고, 그들의 어려움을 살피고 지지하는 사람이 있을 때 우리 사회가 모두를 위한 방향으로 나아갈 수 있답니다.

달력에
숨어 있는
노동 이야기

　새 달력을 받으면 제일 먼저 찾아보는 기념일이 있나요? 생일을 비롯해 나에게 의미 있는 날을 찾아 달력을 넘기다 보면 어느새 12월에 와 있기도 해요. 달력 속 수많은 기념일 중에는 노동과 관련된 이야기도 있어요. 노동자의 권리를 위해 싸웠던 날이나 노동자가 존중받는 사회를 위해 힘쓰다 안타깝게 희생된 사람을 기리는 기념일이요. 대표적인 날이 5월 1일이에요. 노동자의 날 또는 노동절(May Day, 메이데이)라고 해요.

　노동자의 날이 시작된 곳은 1886년 미국의 광장, 헤이마켓이에요. 그곳에는 노동자는 기계가 아니니 하루 8시간만 일하는 세상을 만들자고 생각하는 사람이 모였어요. 당시 공장 주인들은 많은 돈을 투자한 기계를 놀게 하면 녹슬 수도 있고 여러모로 손해라고 생각했어요. 그 기계를 온종일 돌리기 위해 노동자도 쉬지 않고 일해야 했고요. 노동자는 기계가 아닌데 말이죠.

　문제를 느낀 노동자들이 뜻을 모아 파업을 하고 광장에 모여 외쳤어요. "하루 8시간 일하고 인간답게 살자!" 당시 노동자들은 생활하기도 힘든 임금을 받으며 비위생적인 환경에서 긴 시간 일했고, 인간다운 대접을 받지 못했어요. 그런데 광장에 모인 사람들을 흩어지게 하려고 경찰이 총을 쏘는 바람에 어린 노동자를 포함해 6명이 사망하는 일이 일어났어요. 저항은 더

거세지고 진압도 더 무자비해지면서 많은 노동자와 경찰이 희생되었지요. 이 일 이후 1889년부터 그날을 희생자를 기억하고 노동자의 인권을 되새기는 날로 정해 기념하고 있어요. 당시 공장을 멈춘 것처럼 5월 1일은 모든 노동자가 휴식을 취하는 휴일로 정했죠.

노동자의 날 외에도 노동자의 인권을 위해 기억해야 할 날은 더 많아요. "빵과 장미를!"이라는 구호를 외치며 여성 노동자의 인권을 위해 모인 3월 8일은 세계여성의 날로 정해졌고요. 2020년 50주기를 맞은 11월 13일은 전태일이 봉제 공장의 열악한 노동환경을 바꾸고 노동자의 인권을 보장하기 위해 "근로기준법을 준수하라"고 외치며 분신한 날이에요. 이날을 계기로 한국에서는 노동자의 인권을 위해 노동조합을 만들고 노동환경을 바꾸자는 사람이 늘어났죠. 1988년, 문송면이라는 노동자는 환기 시설도 없는 온도계 공장에서 어떤 물질을 다루는지 모른 채 죽어갔어요. 7월 2일은 열다섯 살에 수은중독으로 사망한 문송면을 기리는 날이에요.

많은 이들이 안전하고 건강한 일터를 만들기 위해 해야 할 일을 찾아가고 있어요. 이 외에도 여러 기념일의 의미를 함께 나누기 위해 광장에 모이고 행사를 열죠. 오늘날의 노동자는 또 어떤 변화를 바라며 모이고 있을까요?

6장

우리가 열어 갈
노동이 존중받는
세상은?

왜 노동이 존중받아야 할까?

우리는 노동 없이 하루도 살기 어려워요. 나의 노동과 타인의 노동으로 세상에 필요한 것을 만들어 내고, 서로를 돌보며 살아가죠. 삶의 바탕을 이루는 노동이 없다면 행복한 삶도 꿈꾸기 어려울 거예요. 우리가 이 책을 통해 노동에 대해 궁금해하고, 여러 얼굴을 하고 있는 노동자의 삶에 관심을 갖는 것은 나의 삶과 무관하지 않기 때문이에요. 나의 노동 역시 타인의 삶에 영향을 끼치니까요.

그런데 서로의 노동을 향한 존중이 멈춰 버린다면 어떨까요? 우리가 일상을 보내는 학교, 학원, 아파트, 편의점, 도서관, 청소년수련관, 복지센터, 영화관, 은행 등 누군가의 일터가 아닌 곳이 없어요. 일터에서 존중이 사라진다면 서로를 존중하며 살기 어려워질 거예요. 일터에는 일하는 노동자가 있고, 고용주가 있고, 시설을 이용하는 이용자나 고객이 있어요. 노동이라는 연결고리로 모두가 이어져 있죠. 그렇기에 고용주가 노동자와 계약을 맺을 때, 서비스 노동자와 고객이 물건을 사고팔 때, 시민이 시설을 이용할 때 노동자를 존중하는 마음으로 대하는 것이 중요해요.

사장인 내가 고용하는 것이니 내 맘대로 계약을 하겠다고 하면 노동자는 일을 시켜 주는 것도 감지덕지라고 생각하며 어떤 부당한 요구도 참아야 하나요? '고객은 왕'이니 물건을 파는 노동자를 하인 부리듯이 대하거나, 건물을 청소하고 관리하는 노동자는 눈에 띄지 않는 곳에서 일하고 쉬라고 하는 게 옳은가요? 또, 앞서 살펴본 것처럼 나이가 어리다고, 여성이라고, 비정규직, 이주민, 장애인이라는 이유 등으로 차별받으며 일한다면 존중받고 있다고 생각할 수 없겠죠.

우리는 노동이 존중받고 함께 행복한 세상을 만들기 위해 정의롭지 않은 일에 맞서며 험난한 과정을 겪어 왔어요. 지금도 여러 일터에서 노동이 존중받는 세상을 위해 고군분투하는 많은 사람이 있고요. 노동자가 존중받는 일터로 바꾸기 위해 애쓰는 사람들 그리고 일상에서 존중받고 싶은 우리가 만들어 가야 할 사회는 어떤 모습일까요? 노동이 존중받는다는 것이 무엇인지, 앞으로 우리가 만들어 갈

사회는 어떤 모습일지 함께 상상해 볼까요?

돈을 받으면서 학교에 다닌다면?

"우리는 학습 노동자입니다. 학생이라는 말 대신 학습 노동자라 말하는 것은 우리의 공부가 우리만을 위한 것이 아니라 이 세상을 만들어나가기 위한 것이기도 하기 때문입니다."

2013년 5월 1일, 대구 초등학생들이 만든 선언문 중에서

대구의 어린이들이 2013년 5월 1일 노동자의 날에 이런 선언을 한 적이 있어요. 공부하면서 세상을 함께 만들어가는 학생도 학습 노동자라는 이 말이 어떻게 들리나요? 공부가 무슨 노동인가 싶을 수도 있겠어요. 사람들에게 학생 때가 가장 좋다는 말을 들어봤다면 그래도 공부가 일보다는 낫지, 생각할 수도 있고요. 그런데 정말 공부는 노동과 아무 상관이 없을까요?

놀랍게도 핀란드에는 학생 수당이라는 게 실제로 있다고 해요. 의무적으로 학교에 다니면서 공부하는 동안 다른 일을 하지 못하니 보상을 해 줘야 한다고 생각한 결과예요.

16세까지의 모든 어린이 청소년은 아동 수당을 받고, 17세부터는 학교에 다니는 동안 학생 수당을 받아요. 학생 수당은 아동 수당보다 많고, 청소년에게 직접 준다는 점이 달라요. 독립해서 사는 경우라면 더 많은 수당을 준다고 해요.

독일도 초등학교부터 대학교까지 수업료가 없어요. 오히려 학업 수당이라고 부르는 생활비 일부를 받으면서 다닌대요. 학생들이 교육을 받는 게 세상을 이롭게 하는 일이라 생각하고 수당을 주는 거죠. 대학교까지 공부하는 동안 이런 지원을 받고, 대학을 나오지 않아도 각자 하고 싶은 일을 하며 사는 데 불편함이 없어서 대학에 가는 것도 자유롭게 선택한다고 해요. 한국도 더디지만 고등학교까지 의무교육을 확대하고, 청소년의 기본적인 권리를 보장하기 위해 청소년 수당을 도입하자는 움직임이 있어요.

생각해 보면 노동자가 하루 중 가장 많은 시간을 회사 등 일터에서 보내는 것처럼 학생은 하루 중 가장 많은 시간을 학교에서 보내요. 노동자에게 출퇴근, 노동 시간이 정해진 것처럼 학생은 등교 시간과 수업 시간이 정해져 있죠. 학교뿐 아니라 방과 후에도 계속 공부하고요. 하루에 몇 시간 이상 학습 시간을 강요하면 안 된다고 정한 법도 없어서 하루에 11시간이 넘게 공부하는 학생도 있죠. 주말과 휴일에는 부족한 공부를 보충해야 한다고 등 떠밀려 학원에 가는 경우도 있고요. 각종 연수와 캠프에 참여하느라 방학을 반납한 학생도 있어요. 노동 시간은 법으로 제한이라도 하는데, 이쯤 되면 공부가 중노동 아닌가요?

어린이 청소년은 대부분 학교에 다녀요. 중학교까지는 수업료 없이 학교를 다니고, 학용품도 웬만한 건 학교에서 준비해 주죠. 점심도 급식비 없이 해결하고요. 요즘은 입학할 때 교복을 주는 곳도 있어요. 이것들을 공짜로 준다는 의미로 무상급식, 무상교복이라고 말하죠. 그런데 누구나 중학교까지 의무적으로 다녀야 한다면 그 기간에 학교에서 필요한 물품과 끼니를 챙겨 주는 것은 당연하지 않나요? 그러니 무상급식이 아니라 의무급식이라고 해야겠죠.

공부를 시켜 주는 것만도 고마운 일이라거나, 어쨌든 공짜로 주는 거니까 무상이 맞다고 생각할 수도 있어요. 그런데 학생은 정말 공짜로 받기만 하는 걸까요? 학생이 학교에 다니며 공부하는 게 오로지 자기 자신만을 위한 일처럼 보이기도 하지만, 다르게 생각해 보면 건강한 사회를 만들기 위한 일이기도 해요. 여러분이 다양한 관점으로 생각을 키워가며 공부할수록 세상을 이롭게 하는 사람이 많아지는 거니까요.

교사의 경우, 수업 시간에 가르치는 일뿐 아니라 수업을 준비하고 학생을 가르치기 위해 공부하는 것도 노동이라고 하는데, 왜 학생이 공부하는 것은 노동이 아니라고 생각할까요? 학생은 세상의 모든 것에 호기심을 품고 질문하고 탐색하면서 지식을 함께 만들어내요. 또, 직업을 갖기 위한 공부도 하고요. 직업을 갖는 건 세상을 만들어 나가는 데 필요한 역할을 맡는 것이죠. 그러니 직업을 갖기 위해 준비하는 공부도 세상을 만들어가는 노동과 연결되어 있다고 할 수 있어요.

　　앞서 소개한 대구의 어린이들은 이런 선언도 함께했어요. "학습 노동자들은 학습하고 보상을 받을 권리가 있습니다. 반드시 돈이 아니라 하더라도 적당한 보상이 있어야 합니다"라고요. 학생 수당을 주는 핀란드나 독일의 경우를 떠올려 보면 영 터무니없는 요구는 아닌 것 같아요. 수업료가 당연하던 시절에서 지금처럼 바뀌었듯이 학업에 대한 보상이 있어야 한다는 생각도 생길 수 있을 거예요. 사회 구성원으로서 의무적으로 참여해야 하는 공부라면 당연히 보상이 필요하지 않을까 하고요. 그러면 공부처럼 당장 소득이 생기지 않는 노동에 대해서도 더 많은 상상을 해 볼 수 있을 거예요.

교수와 청소 노동자가 함께 밥을 먹는 게 뉴스거리일까?

흔히 직업에 귀천이 없다고들 해요. 그런데 정말 그렇게 생각하는지 갸우뚱할 때가 많아요. 어느 대학의 교수가 청소 노동자와 밥을 같이 먹었는데 '따뜻한 행동'으로 보도하는 뉴스를 본 적이 있어요. 두 사람이 함께 밥을 먹었을 뿐인데 왜 교수의 행동은 따뜻한 행동이 되는 걸까요?

오래전 신분제 사회에서는 신분이 높은 사람과 하인이 함께 밥 먹는 걸 상상도 못 했죠. 만일 양반이 하인과 함께 밥을 먹었다면 역사책에 남을 일이었을 거예요. 지금은 조선시대도 아니고, 신분제도도 사라졌어요. 그런데 요즘 시대에도 교수와 청소 노동자가 함께 식사하는 일이 뉴스가 된 이유가 뭘까요? 혹시 둘의 신분이 다르다고 생각한 것은 아닐까요?

이런 일도 있었어요. 어떤 국회의원이 급식 조리 노동자를 '그냥 밥하는 아줌마'라고 하면서 '이런 사람들에게 무슨 정규직이냐'고 말한 거예요. 우리는 먹고살기 위해 일한다고까지 말하는데, 이렇게 밥하는 직업을 낮추어 보는 말에 많은 사람이 분노했어요. 이 의원은 급식 조리 노동자를 비하하는 데에 그치지 않고 다른 직업의 노동자를 무시하는 말도 함께 함께 했어요. 차별 없는 사회를 위해 법을 만들어야 할 국회의원이 이런 말을 하다니, 사람들의 분노는 더 클 수밖에 없었죠. 그 국회의원의 마음에는 저 사람들은 나보다 신분이 낮다는 생각이 있던 게 아닐까요? 이런 생각을 가진 국회의원이 과연 노동자를 위한 법을 만들 수 있을지 고개를 갸웃하게 돼요. 모든 법을 만들 때 등대처럼 여기는 헌법에도 '모든 사람은 인간으로서의 존엄과 가치를 가지며, 행복을 추구할 권리를 가진다'고 되어 있는데 말이죠.

우리 사회에서 어떤 노동자를 어떻게 대우하는지 판단할 수 있는 기준 중 하나는 임금일 거예요. 그 일을 직업으로 삼는 사람이 받는 돈의 액수에 따라 그 노동과 노동자에 대한 생각을 엿볼 수 있겠죠. 학교마다 조금씩 차이가 있지만 대체로 대학 교수의 월급은 그 대학에서 일하는 청소노동자의 10배 정도였다고 해요. 교수의 1시간당 임금과 청소노동자의 1시간당 임금 차이는 어쩌면 우리 사회가 두 노동자를 대하는 마음의 차이일지도 몰라요. 또 국회의원은 최저임금보다 대략 13배가량 많은 월급을 받는다고 해요. 비정규직 급식 조리 노동자 월급이 최저임금 수준이라고 하니 둘의 임금은 10배 넘게 차이가 있다고 할 수 있어요. 일에 따라 임금이 10배 이상 차이 나는 세상은 과연 함께 살아가기 괜찮은 사회일까요?

대우를 제대로 해 주지 않으면서 대우를 제대로 못 받는 사람이라고 무시하는 건 앞뒤가 맞지 않아요. 하는 일에 따라 인간으로서의 존엄과 가치가 바뀌는 건 아니에요. 신분제 사회가 무너진 사회에서 그런 대우를 받아도 마땅하게 태어난 사람도 없고요. 그런데 하는 일이나 받는 월급의 수준에 따라 '하찮은 일을 하는 사람'과 '귀한 일을 하는 사람'으로 구분하여 대우를 달리하는 것은 생각해 볼 문제예요.

'사람 위에 사람 없고, 사람 밑에 사람 없다'라는 말이 있어요. 어떤 일을 하든지 누구나 동등한 인격으로 대우받아야 한다는 의미일 거예요. 교수와 청소 노동자, 국회의원과 급식 조리 노동자는 신분의 차이가 있는 게 아니라 서로 다른 직업을 가졌을 뿐이에요. 가르치고 연구하는 일과 건물 곳곳을 정리하고 유지하는 일, 국민을 대표해서 법을 만드는 일, 하루를 살아갈 힘을 주는 밥을 짓는 일을 나눠서 하는 사람이죠. 평생직장이라는 말이 없어진 요즘은 학생을 가르치던 선생님이 건물을 지키는 경비원이 되기도 하

는 것처럼 한 사람이 여러 직업을 거치며 다른 역할을 맡기도 하고요. 다양한 일에 높고 낮음을 두지 않고, 서로의 일을 존중한다면 누구나 자신의 일에 자부심을 갖고 일하는 세상이 될 거예요.

노동자에게도 방학이 있다면?

만약 일주일이 '월화수목금금금'이라면? 생각만 해도 숨이 막히네요. 그런데 실제로 이렇게 살아야 한다면 얼마나 힘들까요? 휴일도 없이 일하며 지낸다면 매일 밤 하루가 어땠는지 생각할 틈도 없이 쓰러져 잠이 들거나, 우울한 생각이 들 거예요. 과연 내 시간의 주인은 누구인가 하는 의문 같은 거요.

★ **토머스 모어(Thomas More, 1478~1535)** 영국의 정치가이자 인문학을 두루 공부한 인문학자. 대표작인 〈유토피아〉는 이상적인 나라의 모습을 설명한 책이다.

행복한 삶을 위해 적당히 일하고, 쉬고, 여가를 즐기는 하루는 중요해요. 옛날부터 사람들은 이런 삶을 꿈꿔 왔죠. 500여 년 전 토머스 모어★는 〈유토피아〉라는 책에서 이상적인 사회를 이렇게 상상해요.

"하루 24시간 중 6시간만 일한다.

오전에 3시간 일하고 2시간 휴식을 취한 뒤 오후 3시간 일하고 저녁 식사 전에 일을 마친다.

노동과 수면 시간 이외의 대부분은 지적 추구에 이용한다."

유토피아라는 말은 라틴어로 '세상 어디에도 없는 곳'이라는 뜻이에요. 500여 년 전에도 하루 6시간만 노동하는 세상은 존재하지 않는 꿈 같은 세상이었던 거죠. 180여 년 전부터는 법을 만들어서라도 하루 8시간 노동, 8시간 수면, 8시간 여가를 꿈꾸기 시작했어요. 그런데 지금 한국인에게 하루 6시간 노동이나 8시간 노동은 여전히 '유토피아' 같아요. 긴 노동 시간과 학습 시간을 줄이고 싶은 사람과 낮은 임금 탓에 하루 2~3시간 노동 시간으로는 생활이 곤란해서 노동 시간을 더 늘리고 싶은 사람 모두에게 말이죠.

긴 시간을 공부와 일하는 데 쏟는다면 여가뿐 아니라 잠자는 시간도 부족할 수밖에 없어요. 2018년 국민 여가 활동 조사 결과에는 평일 여가가 3.3시간, 휴일은 5.3시간이었어요. 조사 결과 TV 보면서 여가를 보낸다는 사람이 가장 많았죠. 여행하고 영화나 뮤지컬 공연을 관람하고, 스포츠 활동을 즐기는 등 다양한 여가활동을 하는 사람은 드물었고요. 아마 TV를 보는 게 비교적 쉽고 간편한 활동이기 때문일 거예요. 또 소득의 차이에 따라서도 다양한 여가를 즐길 수 있는 기회에 차이가 있었어요.

잠자는 시간은 어떨까요? 짐작하시겠지만 한국은 '잠 부족 국가'예요. 2016년 OECD의 통계 자료에 따르면 한국인은 하루 평균 7시간 41분을 잔대요. OECD 국가 평균 8시간 22분보다 41분이 부족하고, 18개 국가 중에선 가장 적게 자는 수치였죠. 직장인 수면 시간은 6시간 6분에 불과하고요. 이러한 적은 수면은 노동자를 위험에 빠뜨려요. 졸음운전, 과로사, 우울감 등의 원인 중 하나가 잠 부족이니까요.

1964년 미국의 랜디 가드너라는 고등학생이 잠 안 자고 버티기에 도전한 일이 있어요. 랜디는 264시간을 깨어 있었대요. 무려 11일이나 깨어 있었다는데 어떤 일이 일어났을까요? 잠을 안 잔 지 3일째에는 우울증이 나타나고 간판이 사람으로 보였대요. 4일째에는 자신이 풋볼 선수라고 착각하는 환각 증세가 나타났고요. 7일째에는 발음이 이상해져 말도 잘 못 하고, 9일쯤에는 눈이 잘 보이지 않았다고 해요. 가드너의 실험은 무모했지만 잠은 여차하면 줄여야 하는 게 아니라 건강한 삶을 위해 매일매일 꼭 챙겨야 하는 중요한 시간이라는 걸 알게 했죠.

공부하고 일하는 시간, 여가와 잠자는 시간은 하루 안에서 조화를 이뤄야 해요. 한쪽이 지나치게 길거나 짧으면 균형이 무너지고 말죠. 삶의 질, 삶에 대한 만족도, 행복감이 높은 나라의 공통점은 노동, 여가, 잠을 위한 시간이 균형 있게 잘 이뤄진다는 거예요. 소득을 위한 노동으로만 하루를 다 보낸다면, 현재의 행복은 미루고 미래를 준비하는 공부로만 하루를 다 보낸다면 어떨까요? 혹은 아무 할 일이 없어 시간을 죽이며 무료한 하루를 보낸다면요. 일만 죽도록 하는 삶도, 무료한 삶도 만족스럽지 못한 것은 마찬가지일 것 같아요. 적정한 시간 동안 원하는 노동을 하고 한가한 시간을 즐기며 휴식을 누리는 삶이라야 진정한 의미의 조화로운 삶이 아닐까 싶어요. 어두워지기 전에 퇴근하는 삶, 사계절 방학이 있어 계절의 변화를 만끽하며 보낼 수 있는 삶을 산다면 어떨까요? 나를 돌보고 서로를 돌보는, 인간을 인간답게 하는 노동에 조금 더 가까워지지 않을까요?

우리는 혼자 세상을 살 수 없어요. 서로의 노동에 기대어 살아갈 수밖에 없죠. 서로의 삶을 지탱하는 노동의 가

치를 인정하고, 노동자를 존중할 때야 우리는 안전하고 건강한 삶을 살 수 있을 거예요. 하루를 돌아보면 우리 삶은 노동과 결코 무관할 수 없으니까요. 노동자의 눈으로 세상을 바라보고, 더 나은 세상을 상상함으로써 모두가 더 인간다운 삶을 누리는 세상을 꿈꿔 보아요.

주문을 잊은 음식점에 어서 오세요

떡볶이를 시켰는데 군만두가 나오고, 피자를 시켰는데 감자튀김이 나온 다면 어떨까요? 평범한 식당이라면 가고 싶지 않겠지만, 만약 음식이 잘못 나올 수도 있는 식당이란 걸 알고 간다면 그리 화가 나진 않을 거예요. 어쩌 면 어떤 메뉴가 나올지 궁금해하며 기다리고, 엉뚱한 음식이 나오는 걸 오 히려 즐길지도 모르죠. 내가 예상했던 것과 맞네, 다르네 하면서요.

2018년 한 방송사에서 '주문을 잊은 음식점' 프로젝트를 이틀 동안 진행 한 적이 있어요. 일본에서 먼저 진행됐던 프로젝트로, 관련 내용이 〈주문을 틀리는 요리점〉이라는 책으로도 출간됐죠. '주문을 잊은 음식점'에서는 치 매 노인이 주문을 받고 음식을 갖다줬어요. 직원들은 주문을 잊고 손님과 앉아 두런두런 이야기를 나누거나, 다른 손님이 주문한 걸 갖다줘서 바꾸느 라 분주하기도 했죠. 그런데 이상하게도 실수하는 것을 보면서 조마조마한 마음이 들지 않았어요. 보통의 일터에서 저렇게 실수가 잦은 노동자는 사장 에게 혼나거나 동료에게 비난받거나 심지어 해고당하는 경우가 많잖아요. 그런데 주문이 틀리는 음식점에서는 실수를 당연하게 생각하고, 오히려 실 수를 즐겁게 받아들였거든요. 누구나 실수할 수 있고, 다시 하는 것을 너그 러운 마음으로 기다릴 줄 아는 사람이 많다는 생각을 했어요. 이틀간의 프

로젝트가 아니라 여기저기에 주문을 잊은 음식점이 있으면 좋겠다는 생각도요.

방송에 등장한 치매 노인은 한때 중학교 수학 교사, 공무원, 전업주부로 살았던 분들이에요. 보통 치매 노인이 되면 그동안 했던 일을 놓고 집이나 병원을 오가며 '엉뚱한 실수 하는 사람', 때론 '해코지하고 위험한 사람'으로 여겨지며 고립된 생활을 하게 되는데요, 여기에 문제가 있다고 생각한 분들이 용기를 내 프로젝트에 참여한 거예요.

우리는 자신이 할 수 있는 일을 인정받으며 살 때 소박하지만 빛나는 삶을 이어갈 수 있는 것 같아요. 치매를 앓는 사람, 장애가 있는 사람, 또 다른 이유로 높은 생산성을 요구하는 노동에 적합하지 않다고 여겨 왔던 사람을 당연하게 받아들이는 일터가 있다면 더는 '쓸모없다' 여겨지는 사람은 없겠죠. 자신의 처지와 속도에 맞게 일하는 사람을 환대하는 새로운 장소, 그 자체로 사람답게 대접받고 인정받으며 소소한 행복을 나눌 수 있는 일터가 많아진다면 좋겠어요.